蔡礼旭细讲
古文名篇

代代出圣贤
的教育智慧

蔡礼旭 著

世界知识出版社

出版说明

"文言文：开启智慧宝藏的钥匙"丛书，根据蔡礼旭老师系列演讲整理而成。蔡老师演讲共分"孝悌忠信礼义廉耻"八个单元，我们将其分成四本书陆续出版。

"孝"是人生的根，也是中华文化之根，作为重点阐述单元，我们将其主题分成"家道"和"师道"，相应图书为《承传千年不衰的家道》和《代代出圣贤的教育智慧》。前者相应古文为《礼运·大同篇》《德育课本·孝篇·绪余》《陈情表》《说苑（节录）》《论语·论孝悌》《诫子书》《诫兄子严、敦书》《勤训》《训俭示康》《德育古鉴·奢俭类》。后者相应古文为《左忠毅公逸事》《师说》《论语·论学习》《礼记·学记》《说苑（节录）》。

"悌忠信"以孝为基，是做人的根本，有此三德，才能在人群中立足。这是第三本的主题，相应图书为《孝悌忠信：凝聚中华正能量》，相应古文为《德育课本·悌篇·绪余》《祭十二郎文》《左传·郑伯克段于鄢》《德育课本·忠篇·绪余》《出师表》《岳阳楼记》《谏太宗十思疏》《才德论》《左传·介之推不言禄》《德育课本·信篇·绪余》《曹刿论战》《说苑（节录）》《论语·论忠信》。

"礼义廉耻"是枝干，有此四德，才能利益大众，乃至带领好团队、企业。这是第四本的主题，相应图书为《礼义廉耻，国之四维》，相应的古文为《德育课本·礼篇·绪余》《史记·项羽本纪》"赞"《史记·五帝本纪》"赞"《说苑（节录）》《史记·管晏列传》《德育课本·义篇·绪余》《战国策·冯谖客孟尝君》《义田记》《德育课本·廉篇·绪余》《泷冈阡表》《德育课本·耻篇·绪余》《原才》《曾文正公家书（节选）》《病梅馆记》。

目录

第一讲

大家好！

我们前面的主题是《承传千年不衰的家道》，主要谈到的是父慈子孝：孩子如何孝顺父母，孝顺对我们有恩的长辈；父母对孩子的慈爱，很重要的是要教育好下一代，包括叔叔、伯伯等长辈，也都有教育好下一代的责任。我们举到诸葛亮的《诫子书》，还有马援的《诫兄子严、敦书》，都谈到尽这一份责任。

父母教育孩子这一点很重要，就是要帮孩子找好老师。孩子能成就道德，亲师配合非常重要。所以以前的父母，为孩子找老师，那是煞费苦心，所谓千里寻师，就为了给孩子找好的老师。在我们几千年的历史当中，也特别重视师道。所谓人不学，不知道、不知义，要靠老师来教导。

我们这个时代，对师道的感受不太强烈。因为师者"传道、授业、解惑也"，老师教育孩子一生重要的做人处世的态度，解决他人生种种的疑惑，这是老师的本分。而我们这个时代，比较注重知识的传授，道德的部分没有以前那么重视。而且知识传授之外，又很在乎考试的成绩。其实考试的目的是什么？是要看学生学得如何，不是来攀比的，不是来满足名跟利的。所以假如为人师者都是用功利的心来传授知识，很难赢得学生打从内心的尊重。

所以现在五伦，父慈子孝、君仁臣忠、夫义妇顺、长幼有序、朋友有信，包括师道，都式微了。这个时候，埋怨不得任何人。几代人没有学习伦理道德因果教育，所以现在人没做好，正常；但我们没做好，不正常。是不是？学了要把它扛起来！

"人不学，不知道"，他没学，还要求他，我们不就变苛刻了吗？所以当老师的人，绝对不能去埋怨学生不懂。我们没教小朋友，还怪他不懂？父母也不能怪孩子，我们没教他；领导也不能怪下属，我们没教他。君、亲、师这三个角色这么受尊重，同时，也有很重大的责任要去尽啊。

我们古话常说："一日为师，终身为父。"以前当老师是要开启人的智慧的，而这个人有智慧了，他的一生方向对了，人生幸福，以至他世世代代子孙都有正确的思想价值观，所以老师值得人尊崇。下面我们举几篇文章来谈师生关系。从古代师生的互动，我们可以感受到古代的师道。

《左忠毅公逸事》作者方苞（1668–1749），字灵皋，晚年号望溪先生，有《望溪先生文集》留世。他是安徽桐城人。他的文章，上效法《史记》、《汉书》，下效法韩愈、欧阳修。他是桐城派（清朝非常有学问的一个儒家宗派）的祖师，也是方东美教授的祖先。这一篇文章，是方苞先生记载了他一个同乡忠臣的事迹。这位忠臣，就是左光斗先生，"忠毅"是他死后朝廷追封他的谥号。

左公是明朝末年人，字遗直，意思是留给世间的就是光明正直。他真正做到了！可见我们以后给孩子取名字要好好取。我们看教育界，对马来西亚贡献最大的沈慕羽老先生，他父亲给他取名字，就是希望他效法关羽，老人家做到了。我们到他住的地方看到他自己的墨宝，"养天地正气，法古今完人"。我们拜访他，老人家还陪我们唱了好几首抗日时候的歌曲，九十多岁，一边弹钢琴，一边高声唱，真的就是浩然之气啊。

左公也是桐城东乡人，他是明神宗三十五年的时候考上进士。他在朝廷当中非常忠正，不怕那些很有权势的人，不怕那些奸邪小人。他那个时代，宦官当政，最有名的是魏忠贤。魏忠贤是不是自号九千岁？真是狂妄到极处了。左公就控告魏忠贤乱权。结果，魏忠贤那个时候权力很大，反而诬陷左公接受别人的贿赂，左公就入狱了，最后在狱中牺牲。这是这篇文章的时代背景。

当然，之后在明思宗崇祯二年，就是下一个皇帝上来，魏忠贤因为恶贯满盈，最后被处死了。这些忠臣也得以洗刷罪名，还他们清白，左公还被追谥为"忠毅"。

我们来看一下文章。

君子尝言，乡先辈左忠毅公视学京畿，一日，风雪严寒，从数骑出，微行入古寺。庑下一生伏案卧，文方成草。公阅毕，即解貂覆生，为掩户。叩之寺僧，则史公可法也。及试，吏呼名至史公，公瞿然注视，呈卷，即面署第一。召入，使拜夫人，曰："吾诸儿碌碌，他日继吾志事，惟此生耳。"

及左公下厂狱，史朝夕狱门外。逆阉防伺甚严，虽家仆不得近。久之，闻左公被炮烙，旦夕且死，持五十金，涕泣谋于禁卒，卒感焉。一日，使史更敝衣，草屦背筐，手长镵，为除不洁者，引入。微指左公处，则席地倚墙而坐，面额焦烂不可辨，左膝以下筋骨尽脱矣。史前跪抱公膝而呜咽。公辨其声，而目不可开，乃奋臂以指拨眦，目光如炬，怒曰："庸奴！此何地也，而汝来前！国家之事糜烂至此，老夫已矣，汝复轻身而昧大义，天下事谁可支拄者？不速去，无俟奸人构陷，吾今即扑杀汝！"因摸地上刑械，作投击势。史噤不敢发声，趋而出。后常流涕述其事以语人，曰："吾师肺肝，皆铁石所铸造也。"

崇祯末，流贼张献忠出没蕲、黄、潜、桐间，史公以凤庐道奉檄守御。每有警，辄数月不就寝，使将士更休，而自坐幄幕外。择健卒十人，令二人蹲踞而背倚之，漏鼓移则番代。每寒夜起立，振衣裳，甲上冰霜迸落，铿然有声。或劝以少休，公曰："吾上恐负朝廷，下恐愧吾师也。"

史公治兵，往来桐城，必躬造左公第，候太公、太母起居，拜夫人于堂上。

余宗老涂山，左公甥也，与先君子善，谓狱中语乃亲得之于史公云。

"左忠毅公逸事"，"逸"，是指没有在正史里面记载，可能是散失的一些文章，然后把它整理出来的。

"先君子尝言"，"先君子"是指自己的父亲。"乡先辈"，"乡"是指同故乡，自己同故乡的一个前辈。"左忠毅公视学京畿"，当时左公担任督学官，去视察北京近郊学子读书的状况，"畿"就是指京城附近的地方。"一日，风雪严寒，从数骑出"，几个人跟着他一起出去，"数骑"而已，并不是很多人一起去。而且"微行入古寺"，"微服"指穿着便服。他是大官，穿着老百姓的衣服，代表微服私访，比较能够看到真实的状况。

"庑下一生伏案卧"，"庑"是指正堂下侧的厢房。有个书生趴在桌上睡着了。这个书生是史可法先生，那时候他才十八岁，左公已经四十七岁了。"文方成草"，十八岁的年轻人因为要去考功名，练习写文章，刚写完草稿。"公阅毕，即解貂覆生"，左公看了他写的文章，就把身上的貂皮衣盖在这个年轻人的身上。

左公是有阅历的人，又有智慧。他看了文章，从文章当中了解到这个书生的气节、胸怀、志向。文章、诗词，都能流露一个人的人格、志气。所以，以前写诗叫"诗言志"，就是把自己的志向通过诗词表达出来。大家有没有写过抒发自己志向的诗？读一首给大家，李炳南老师写的。"未改心肠热，全怜暗路人"，怜悯在暗夜行走的人，其实就是怜悯这些没有智慧的众生，"但能光照远"，只要能让他们看得更清楚，不要再迷失人生的方向，只要能利益到暗路中的人，"不惜自焚身"，哪怕是燃烧自己，都在所不辞。而李老师一生也真是做到了，在台湾三十八年，讲学从不中断。而且到九十七岁的时候，老人家还在继续讲学。他的学生很多，几十万，有学生跟他讲："老师，您就让我们去讲就好了，您不要这么辛苦。"老人家讲："我活着一天，大众需要我讲，我就尽力去讲。"最后讲学的时候，都是几个学生把老人家抬上讲台的。李老师这一首诗，确实能表达他一心一意帮助大众转恶为善、转迷为悟，确实是表达了他诲人不倦的气概。

"为掩户"，"掩户"就是把门窗关好。因为是冬天，怕他着凉。我们看到，左公看了史可法的文章，感觉这个年轻人不一般，很有使命感，他

第一讲

005

非常地惜才。接着"**叩之寺僧**","**叩**"是问,问了一下寺院里面的常住,"**则史公可法也**",原来就是史可法先生。史可法后来官拜南京兵部尚书,在军事方面算是最高的职位了。最后清兵南下,史可法先生死守扬州,壮烈牺牲了,到最后连尸体都找不到,所以在梅花岭上,他的墓是衣冠冢,就是只是把他的衣服葬在里面。而且,连清朝的乾隆皇帝都追谥史可法为"**忠正**",很佩服他的气节。

"**及试,吏呼名至史公**",后来考试了,点名点到史可法先生。"**公瞿然注视**",就是看得很认真。我们可以了解到,左公当督学官,出去看到人才,念念都不忘。为什么看到人才念念不忘?念念不敢忘江山社稷,不敢忘国家民族。国家民族要能安定,最重要的是要有真正有德行的贤才才行。所以,孟子讲到"为天下得人者谓之仁",能够为团体、为国家不断地发掘人才、培养人才、成就人才的人,是真正的仁慈之人。那个仁慈不是只为一个人想,是为整个社会国家想。

"为天下得人者谓之仁"这句话前面提到的是"分人以财谓之惠,教人以善谓之忠",尽力用钱财帮助人,就是施恩惠给需要的人;"教人以善",能够让人明理之后断恶修善,"谓之忠"。"忠"不是尽心尽力付出就是忠,还要能够善巧地引导亲朋好友转恶为善,这才叫尽忠。《弟子规》讲的,"善相劝,德皆建;过不规,道两亏。"再来读孟子这段话就很相应了,"教人以善谓之忠,为天下得人者谓之仁"。

今天假如您是企业的老板,能够用到一个完全没有嫉妒心,欣赏、赞叹别人的德行的人,你的团体就有福了。他很厚道,很善良,"方以类聚,物以群分",就会聚很多跟他一样有度量、修养的人过来了。

我们从历史当中,看到像林则徐先生、范仲淹先生这些圣贤人,他们常常都有个记录簿,对于所遇到的官员,观察到这个人有德,随时记下来,一有机会,马上推荐他们为国家出力,就是时时刻刻不忘推荐人才,不忘报效国家。大家以后在企业里面,在所有的团体,我们都要举贤才,这是对团体最大的贡献。

"呈卷"，就是把他写的文章送上来，"即面署第一"，最后评史公第一名。可见得那个时候的国家是非常地紧急了，求贤若渴。而且左公看人也是很准的，对一个十八岁的年轻人，有这么深的认识，不简单。所以"读万卷书，行万里路"，还要能够"阅人无数"，看对人、用对人，对国家、团体的帮助是非常大的。相反的，用错一个人，对团体、国家的伤害也会非常大。

"召入"，就是把史可法先生请到家里，"使拜夫人"。因为左公是主考官，在那个时候，考上的读书人，都以主考官为师，有这个缘分去拜师母。结果左公就跟他太太讲："吾诸儿碌碌"，我的孩子们都一般般，比较平庸，"他日继吾志事"，来日继承我的志向、事业的，"惟此生耳"，要靠这个学生了。"志事"二字，在《中庸》里面就有提到，"夫孝者，善继人之志，善述人之事"。能够很好地继承父母的志向，成就父母的事业，把父母未完成的志向、事业接着完成，这是孝顺。

在历史当中，武王、周公把文王的德行、事业承传下来，发扬光大，他们是尽孝了。"孝"字再延伸，我们是炎黄子孙，我们怎么孝我们中华民族的祖先？"为往圣继绝学"，继人之志啊，古圣先贤都是把天下、民族时时放在心中。我们有这一份心，就是继人之志，继我们中华民族古圣先贤的志向。真心，《中庸》讲"至诚如神"，至诚感通啊。你这一颗真心发出来了，祖宗在天之灵，冥冥中都在护佑我们。而古代的学子，侍奉自己的老师也当父亲一样，也把老师的志向当自己的志向。我们看孔子的弟子，七十二贤，都是以夫子之志为自己的志向。

所以从这一段话，我们感觉到，英雄惜英雄，惺惺相惜。今天我们是晚辈，假如能得到长辈这样的信任、赏识，我们要对得起这份信任，不能让他们失望。所以被人信任是动力，绝对不是压力。动力是觉悟、是承担，压力是烦恼，所以要转压力为动力。人的修养，就在懂不懂得转念，转成积极向上的念、正念，不要转成烦恼的念。所有的信任，都是鼓舞自己，都是激励自己。面对另一半的信任，面对孩子的信任、父母的信任，面对老师的信任，我们都是用这样的态度。

"及左公下厂狱"，这个"厂"，是明朝特殊的一个机构，叫"东厂"，是专门管查谋逆的人。其实说实在的，是他们谋逆，不是人家谋逆。但是，他们已经弄权，就搞东厂这样的组织出来。明朝，宦官能够专政，说实在的，皇帝不能不检讨。你是领导者，整个朝廷、社会的风气，上行下效。清朝没有这种情况，哪有什么宦官当政。清朝皇帝是女真人，却重视中华传统文化，编出了《四库全书》。清朝历代的皇帝尊崇文化、尊崇道德，都请有学识的读书人到皇宫讲经说法，所以清朝的皇帝个个都是饱学之士，早晨三点多就起来读书了，不轻松的。所以清朝自始至终没有出一个败家子。但明朝，这个头就开得不好。明朝朱元璋先生，对待很有学识的大臣讲的话，他不高兴，在朝廷里当场把他的裤子脱下来，廷杖，打读书人的屁股。读书人都有气节，"士可杀，不可辱"，你不能侮辱我。所以这么一打，读书人寒心。

所以位置越高，所做的每个动作，影响面越大。所以《孝经》里面讲，当国君的人要"战战兢兢，如临深渊，如履薄冰"。明太祖开了不好的头，以后他的子孙当皇帝的，也有打大臣的。慢慢的，有学识的人都不愿意去当官的时候，朝中就没有明理之人了，正气不足，宦官当政，当然就乱了。明朝后来的皇帝，到几乎不识字的都有，乱成这个样子了。

所以，刚刚讲这一段，也是提醒我们，一个团体要慎于始。就像一个朝代，一开始你是侮辱读书人，还是尊重读书人，这个朝代的命运就已经注定了。相同的，一个家庭也要慎于始，是孩子从小你就树立好榜样给他看，还是等他一二十岁了，都学坏了，你才来教育他，差别就很大了。

"史朝夕狱门外"，史可法非常着急，他的老师被关到监狱里面去了。这种情况是连饭都吃不下，因为在狱中会遭到什么样的情况，实在是没法预料。"逆阉防伺甚严"，"逆阉"是指那些宦官，他们提防得非常严，"虽家仆不得近"，连家里的仆人都不能接近。

"久之"，过了许久，"闻左公被炮烙"，听到消息，他的老师受炮烙之刑，就是把铁器烧红，然后用来灼伤人的身体，这个炮烙下去，整个血肉就模糊了。"**旦夕且死**"，消息说老师很可能命在旦夕了。"**持五十金**"，他拿着五十两银子，"**涕泣谋于禁卒**"，非常悲痛地请求守狱的士兵，让他见他老师一面，"**卒感焉**"，这个士卒被他感动了。

"**一日，使史更敝衣**"，一天，让史可法先生穿上破旧的衣服，"**草屦背筐**"，"屦"是鞋子，穿着草鞋，背着竹筐。"**手长镵**"，手上拿着长镵，就是拿着拾垃圾、粪便的工具，"**为除不洁者**"，伪装成要捡这些脏物的人，就是算清洁工。"**引入**"，把他带进去。"**微指左公处**"，"微指"就是暗示，暗指左公在的地方。"**则席地倚墙而坐**"，看到左公坐在地上，靠着墙坐着。"**面额焦烂不可辨**"，被炮烙之刑伤得脸跟额头焦烂，难以辨出面容了。"**左膝以下筋骨尽脱矣**"，左膝盖以下，筋骨都行刑到脱节开来。史公看到这个情况，情绪没有办法控制，"**史前跪抱公膝而呜咽**"，他抱着自己老师的膝盖"呜咽"。呜咽就是怕被人发现，所以低声地哭，在那里啜泣。

结果，左公听到了声音，分辨出来。"**公辨其声**"，知道是史公来了。"**而目不可开，乃奋臂以指拨眦**"，而他自己的眼睛张不开，就举起手，以手指拨开眼皮。这个"眦"是指他的眼皮。"**目光如炬**"，虽然被严刑拷打，但是左公的整个神智还是非常清醒，目光明亮，看着史公。"**怒曰**"，非常生气，对学生说："**庸奴**"，你这样做实在是太愚昧了，"庸奴"是指愚人；"**此何地也**"，这是什么地方啊，"**而汝来前**"，你居然敢来这么危险的地方；"**国家之事糜烂至此**"，国家的大事现在腐败到这样的程度，"**老夫已矣**"，我必然要死在狱中；"**汝复轻身而昧大义**"，你又看轻自己的生命，而不懂得国家的大义，不懂得为国家留住自己的生命，你这么样地轻率，"**天下事谁可支拄者**"，假如你真的出意外，又被他们给陷害了，天下事该由谁来承担呢？

左公受到这么严酷的刑罚，但他完全没有顾虑自己。读书人真的是舍身取义，在这样的痛苦当中，还是念念只想着国家社稷。当发现自己的学生来的时候，赶紧提醒他要以国家为重，所以接着说："不速去"，你假如不赶紧走，"无俟奸人构陷"，"俟"是等到。不用等到这些奸人来设计陷害你，"吾今即扑杀汝"，不如我现在就杀了你，免得他们还来陷害你。

说完，"因摸地上刑械"，就摸起地上的刑具，"作投击势"，就是要拿刑具打史公。史公就知道老师的意思了，"史噤不敢发声"，"噤"就是闭口，不敢出声。因为假如被人发现，他的生命就有危险了。"趋而出"，"趋"是赶，赶快出狱去了。

整个过程，我们看到史公不畏危险，无论如何也要见左公一面，这就可以看出他对自己老师的那一份情义，可以不畏生死。而左公提醒他的学生要时时以江山社稷、以国家民族为重，也没有顾及自己的痛苦跟安危。

"后常流涕述其事以语人"，之后史公常常流着泪，把在监狱里的事情告诉有缘的人。"曰：吾师肺肝，皆铁石所铸造也。"其实这个铁石，是说他的老师意志非常地坚定，以国家兴亡为己任，置个人死生于度外。就像林则徐先生那一段话："苟利国家生死以，岂因祸福避趋之。"

"崇祯末"，崇祯是明朝最后一个皇帝明思宗。那个时候，左公已经去世了。"流贼张献忠出没蕲、黄、潜、桐间"，"蕲"是指湖北蕲春，"黄"是指湖北的黄冈县，"潜"是指安徽的潜山，"桐"就是指安徽桐城。这里用"出没"，就是说这些人没有固定的地方，到处流窜，忽隐忽现。所以必须守住这一带地方。"史公以凤庐道奉檄守御"，"凤"是指安徽凤阳县，"庐"是指安徽庐江县，史公的职责是在那一带负责守御和攻剿。"每有警"，每有危急情况出现的时候，"辄数月不就寝"，几个月不在床上睡。

"使将士更休"，他让将士轮流休息，"而自坐幄幕外"，"幄幕"就是指他的军帐。"择健卒十人"，选十个特别强壮的士兵，"令二人蹲踞而背倚之"，让他们两两蹲下来背靠着背，边守夜边休息。"漏鼓移则番代"，"漏"就是计时工具，是一个铜做的壶，在这个壶里放一把剑，剑上面有刻度，壶底有一个孔，装满水之后，水就会一滴一滴流出来，然后，它的水位就下降。只要看那把剑上的刻度，就知道现在是一更天、三更天，就可以看出时间来了。"鼓"是指报时的工具，以前半夜的时候有人报时间，现在是几更天了。"漏鼓移"就是过一个更次，就换士兵休息，丝毫不敢松懈。

"每寒夜起立"，在很寒冷的夜里起来，"振衣裳"，振一下他的衣服。因为打仗，他们穿的是盔甲。"甲上冰霜迸落"，守夜的时候可能下着雪，等他起来的时候，雪都一块一块地落下，"铿然有声"。"或劝以少休"，士兵劝他稍微休息一下。"公曰：吾上恐负朝廷，下恐愧吾师也。"这也是左公的心境。他为什么战战兢兢？唯恐对上有负朝廷的信任，有负人民的托付；对下，恐愧对自己的老师给他的交代。

"史公治兵，往来桐城"，史公负责这个工作，常常会经过桐城，"必躬造左公第"，每次经过，他必然亲自到左公家里。"候太公、太母起居"，"太公、太母"是指左公的父母，问候他们的生活状况。"拜夫人于堂上"，并且要跪拜师母。我们可以感觉到，史公确实把他的老师左公当作自己的父亲一样地孝敬，也把左公的家人当作自己的家人一样地照顾。我们相信对于左公的子孙，史公也是尽心尽力的。

"余宗老涂山"，就是我同族的长辈，涂山先生，"左公甥也"，是左公的外甥。"与先君子善"，涂山先生跟我的父亲相处很好。"谓狱中语乃亲得之于史公云"，就是左公跟史公在狱中的这一段话，他是从史公那里亲耳听到的。

这是方苞先生记录他同乡左光斗先生的一个故事。我们看，这些读书人在国家危难之际，确实都能够舍己为人。就像文天祥先生说到的，"孔曰成仁，孟曰取义"，这都是圣人的教诲，"惟其义尽，所以仁至。读圣贤书，所学何事？"读圣贤的书，到底所学的是什么呢？"而今而后，庶几无愧。"这一段话是文天祥先生从容就义前写的一个偈子。要被处死了，他视死如归，因为他觉得他尽力了，无愧于天地，无愧于民族。这样的气节，确实很值得我们后世的人学习。

我们现在所面临的状况，虽然不是这种国家危难，但是也遇到了民族文化承传的危机，我们这一代人不传，可能就断了，那我们就对不起祖先，也对不起后代了。我们若提不起这种承担，那就愧对这些古圣先贤。孟子讲的，"当今之世，舍我其谁"，我们每一个人都应该承担起这个大时代的使命。

好，今天就讲到这里。谢谢大家！

第二讲

大家好！

上节课我们一起学习了一篇文章，《左忠毅公逸事》，叙述了史可法先生与他的老师左光斗先生的一段师生情谊。从这一篇文章，我们感觉到，左公身为国家的大臣，念念为天下得人才，尽心尽力成就人才。无私的心，这是为人师很重要的心态。而史公，史可法先生，也不负左公之厚望，时时都念着左公的恩德，时时心里都想着，不能有愧于国家、民族，也不能对不起自己的老师左公。这都是非常可贵的心境。

我们接着来看另外一篇文章，韩愈先生写的《师说》。这一篇文章说明师道的重要性，然后也对当时人们向老师求学的一些现况，做一些思考。韩愈先生是唐朝人，在整个古文中的地位相当地高，一般来说，仅次于司马迁先生。怎么看出他的地位呢？宋朝的苏轼先生，有写一篇祭祀韩愈先生的碑文，"匹夫而为百世师，一言而为天下法……文起八代之衰，而道济天下之溺"。事实上，每一个读圣贤书的人，都应该这样期许自己。就像《中庸》里面讲的，"动而世为天下道，行而世为天下法，言而世为天下则"，要时时能够给社会大众做好的榜样。

而韩愈先生那个时代，就像苏轼先生讲到的，"文起八代之衰"，就是在唐朝前面的八个朝代，文章都比较注重华丽，就是所谓的骈体文，强调文章要写得华美，但是，并没有能真正把古圣先贤的道德学问通过文章展现出来。假如读书人都是搞这些表面的功夫，那社会的风气可见一斑。因为在古代是士农工商，读书人的思想、文章，都影响整个社会的风气。读书人都只是在玩文字华美，那就很难以道德来引领社会大众。所以，韩愈先生强调"文以载道"，文章就是要能够把古圣先贤的道德阐释出来，通过文章来弘扬这些道德学问，所以是"贯道"，文章一定要贯彻古圣先贤"修己安人"的学问，所谓格物致知、诚意正心、修身齐家、治国平天下，文章都要有这些道德学问在其中。

韩愈先生，祖籍河南南阳，后来搬到了河北昌黎，后人都称他"昌黎伯"。假如我们对社会民族有很大的贡献，后人就以我们的家乡来尊称我们。这个很好啊，肯定这个地方的水土、这个地方的大众，成就了这一个人才。

韩愈先生的人生非常坎坷。历史当中很多人生很坎坷的人，最后成就都很高。所谓"生于忧患，死于安乐"，都是在环境的历练当中，才成就他的道德，成就他坚忍不拔的性格。所谓"切实功夫"，一个人的道德学问，切实的功夫"须从难处做去"，"真正学问都自苦中得来"，都是历事炼心，经历很多的磨难之后，还能坚持对家族，甚至对社会民族的使命，百折不挠，才能成就他的德行。

韩愈三岁父母就去世了，我们可以想象，他的家庭是非常困难，由他的嫂嫂郑氏把他抚养长大。结果，他十五岁的时候，他的哥哥韩会在韶州刺史的任内也去世了。这样的家庭不幸，反而让韩愈先生非常努力求取学问，对六经、百家的这些书籍，特别地用功深入。所以，二十五岁他就考上进士，最后当到吏部侍郎。这个吏部侍郎相当于正四品的官，就是副部长的位置。因为他的文章影响非常大，他去世之后，被追谥为"文"，世人就称他为"韩文公"，之后朝廷又追封他为礼部尚书，相当于教育部长，这是正三品的官。皇帝很尊重他，所以在他去世以后还很怀念，还追封他。

而韩文公最重要的就是推动古文运动。那个时候，文章多是记问之学，刚刚我们讲到的八代，崇尚华丽文辞的风气已经很久，偏颇了。八代是从东汉、魏、晋开始，然后是宋、齐、梁、陈，最后是隋朝，文风偏到骈体这个方向去了。韩愈在这样的社会环境当中，提倡恢复周朝、秦、汉时代的质朴古文，主张文以载道、文以贯道。我们想象一下，都偏了八个朝代了，容不容易？不容易，想要力挽狂澜，确实是很不容易的。

我们现在的处境，跟韩文公那个时候像不像？有点像，偏得很厉害了。甚至于很多人都没有接触过经典，伦理道德因果教育非常缺乏。所以，我们要效法韩愈先生的精神，在这么困难的时候，要"难行能行，难忍能忍"。其实这个精神，两千五百多年前，孔老夫子就已经做得非常地彻底，给我们后世做好榜样了。孔子是"知其不可为而为之"。

所以，韩愈先生一带头，后面他的弟子，以至于下一个朝代的读书人，统统效法，整个古文就振兴起来了。后世包括宋朝的"三苏"之一，苏洵，《三字经》里面有"苏老泉，二十七，始发愤，读书籍"。苏洵先生有两个儿子，苏轼跟苏辙，儿子太优秀了，他被刺激了，赶紧用功。他已经成人了才开始用功，不过也还是来得及。我们中心的董事主席，五十岁左右开始读古文，现在他开口都是"天命之谓性"，"上善若水，水善利万物而不争"，"四书"、《老子》、《金刚经》，他都能读出来。

所以诸位学长，我们要有百分之一百的信心，你们大部分还没五十岁，"天下无难事，只怕有心人"，而且更重要的，"至诚感通"，用至诚的心来领受老祖宗的教诲，我们的整个潜力就能够发挥出来。"书山有路勤为径"，要下功夫、勤奋。大家一想，读了两遍还是读不懂怎么办？再读两百遍嘛，是不是？这不是我说的，这是《中庸》说的，"人一能之，己百之"，人家两次会，我们两百次不就解决了嘛，哪有那么复杂！"人十能之，己千之"，能有这种态度，"果能此道矣，虽愚必明"，愚昧都能有智慧，"虽柔必强"，柔弱都能变得非常地刚毅、果决、有恒心。

所以，苏洵跟他的两个儿子，并称"三苏"，都被列入古文八大家。而古文八大家以韩愈为首，以至于明朝的众多古文大家，都是效法韩愈。所以苏轼先生赞叹韩愈先生"文起八代之衰"，这是不为过的；"道济天下之溺"，那个时候读书人做学问已经陷溺在错误的方向，都是辞藻文章，不是道德文章，所以韩愈先生要把它扭转过来，那不简单。

好，我们接着来看原文。

古之学者必有师。师者，所以传道、授业、解惑也。人非生而知之者，孰能无惑？惑而不从师，其为惑也，终不解矣。生乎吾前，其闻道也，固先乎吾，吾从而师之。生乎吾后，其闻道也，亦先乎吾，吾从而师之。吾师道也，夫庸知其年之先后生于吾乎！是故无贵、无贱、无长、无少，道之所存，师之所存也。

嗟乎！师道之不传也久矣！欲人之无惑也难矣！古之圣人，其出人也远矣，犹且从师而问焉。今之众人，其下圣人也亦远矣，而耻学于师。是故圣益圣，愚益愚。圣人之所以为圣，愚人之所以为愚，其皆出于此乎？爱其子，择师而教之，于其身也，则耻师焉，惑矣！彼童子之师，授之书而习其句读者，非吾所谓传其道、解其惑者也。句读之不知，惑之不解，或师焉，或不焉，小学而大遗，吾未见其明也。巫、医、乐师、百工之人，不耻相师。士大夫之族，曰师、曰弟子云者，则群聚而笑之。问之，则曰："彼与彼年相若也，道相似也。位卑则足羞，官盛则近谀。"呜呼！师道之不复可知矣。巫、医、乐师、百工之人，君子不齿。今其智乃反不能及，其可怪也欤！圣人无常师。孔子师郯子、苌弘、师襄、老聃。郯子之徒，其贤不及孔子。孔子曰："三人行，则必有我师。"是故弟子不必不如师，师不必贤于弟子。闻道有先后，术业有专攻，如是而已。

李氏子蟠，年十七，好古文，六艺经传，皆通习之。不拘于时，学于余。余嘉其能行古道，作《师说》以贻之。

"古之学者必有师"，意思就是，古代的读书人、求学问的人，一定有老师。所以我们中华文化特别强调要有师承，通过老师的教诲，能领受古圣先贤的智慧，所谓"正法无人说，虽智莫能解"，用聪明，是很难理解、承传古圣先贤的大道的。

而孔子也是尊崇师承。其实我们求学问，时时都以孔子的风范来效法、来要求自己就对了。学儒，就要学孔子。孔子在《中庸》当中有提到，

"祖述尧舜，宪章文武"，这就已经写出孔子求学问的师承所在。"祖"，就是以尧舜禹汤的学问为正宗来效法、传承。"述"，我们常说"继志述事"，一般儿子继承父亲的志向，都用"继志述事"，延伸到一个民族道统的承传，也可以用这个"述"字。所以孔子求学问，他是有非常远大的目标、志向。孔子要学，就是要能够承传整个民族的文化。而且在面对危难的时候，他都不怕，他说："上天假如要把中华文化承传下去，任何人都杀不了我。"大家有没有这个信心？当然，你不可以跑到高速公路上面去，这就有点反常了。是说真正面临一些危险的时候，孔子都有信心，老天爷会保佑自己，古圣先贤会保佑自己，不担心。所以"能以身任天下后世者"，以天下、以文化兴亡为己任，"天不能绝"。

"宪章文武"，"宪"就是效法文、武、周公的学问，治理国家的智慧，孔子都是从这些古圣先王的教诲当中去学习、去力行、去感悟的。

"师者，所以传道、授业、解惑也"。这一句话，就非常明确地讲出了一个教育工作者最重要的任务是什么。各行各业，都有不同的服务大众的职责、使命所在。"传道、授业、解惑"，假如现在的人不知道什么是"道"，不知道人生的真相，有很多的疑惑，那教育工作者就失职了。万物都有它的道，包括星体的运行。天地如此，人也有应该遵循的常道：我们熟悉的五常——仁、义、礼、智、信。

《孟子》有一段话说："人之有道也，饱食暖衣，逸居而无教，则近于禽兽。圣人有忧之，使契（xiè）为司徒，教以人伦：父子有亲，君臣有义，夫妇有别，长幼有序，朋友有亲。"阐述了人一定要学做人的常道。"人之有道"，人应该懂得做人的道理，假如人不懂，每天吃得很饱、穿得很暖，然后很放逸，无所事事，又没人教育他，他的行为可能就跟禽兽一样。我们想一想，假如一个年轻人，每天就是吃饱穿暖，也不懂得做人的道理，不辨是非，对家庭也没有责任感，那他过的就是放纵享乐的人生，可能做出来的很多行为"则近于禽兽"。所以"圣人有忧之"，有担忧了，赶紧让契为教育的负责人，来教导五伦的道理。

从这一段文章我们也感受得到，"传道"最重要的，还是要从五伦大道来承传起。从父子有亲的天性，孩子对父母的爱，延伸到兄弟姐妹、家族，再延伸到邻里乡党、社会大众。其实这个"道"，也就是仁慈博爱，所有圣贤的教育，其实核心就是爱的教育。

孟子讲，"仁也者，人也，合而言之，道也"。《三字经》当中说，孟子是"讲道德，说仁义"，孟子对很多事理开显得非常地透彻。从刚刚那一段，我们可以了解到，人一定要受伦理道德的教育，不然有可能会近于禽兽。而孟子这一段话又讲，"仁也者，人也"，"仁"是每一个人天性里都有的。"合而言之"，人只要时时处世待人都能够用仁爱的心，就念念能为人着想。我们看这个"仁"字，两个人，想到自己就能够想到他人，处处都有仁慈之心，这个人就是在修道，在道中了。所以传"道"，其实就是传爱心，古圣先贤的教育，核心真的就是爱的教育，从爱父母到爱一切的人，爱一切的生命。

而任何一个行业都有道。在医学界有医道，商界有商道，当领导有王道，从事任何一个行业、扮演任何一个角色，都要符合伦理道德。现在为什么很多乱象出现？没有遵守常道。我们想一想，假如医生没有医道，会怎么样？假如老师没有师道，会怎么样？假如医生都想要开宝马（BMW），老师都想开奔驰（BenZ）的，这就很麻烦了。在古代，医生和老师这两个行业是最受尊重的，因为他们重道，重道义、轻利益，尽心尽力救人的生命、慧命。假如不在常道当中，变重利轻义，那就很麻烦。所以"传道"太重要了。

我以前是教小学的，我看报纸，看到任何犯罪事件，都会觉得很汗颜，因为犯罪的人几乎都读过小学。我们守在小学这个岗位六年，有没有把做人的道理教给他们？假如有，他应该不会走到这样的地步才对。我们当老师的，要常常这样反思。同时，每一个人又从家庭出来。《三字经》讲得很清楚，"养不教，父之过；教不严，师之惰"。

"授业"，讲授学业。这一个"业"字，说实在的，是要学习成为有学问的人，能拿来齐家、治国、平天下的，那才叫学问。不能学习了只是拿来考试，考完之后，什么也用不上，那就跟我们的人生目标不相应了。应该是学习了道德学问，都能够利益家庭、利益社会才对。所以这个"业"字，包含学了以后，懂得如何经营人生，如何经营家庭，如何经营事业。"授业"要包含这样的格局才对，所教的东西都是能扩宽学生的心量，能让他时时以一生幸福来思考、来经营，甚至于能让他懂得怎么样成就后代子孙世世代代的兴旺。

　　而我们看现在，好像经营人生这个概念很模糊。我都感觉我在念初中、高中的时候，哪有想什么"人生"，就想这一次考试能过关就好了，一考完试，就好像没什么事情可以做，就要去娱乐一下，去happy一下，然后把一天二十四小时给填满。真是蹉跎光阴啊！所以假如没有一个远大的目标，人生的经营往往会变成只是欲望的追求、享受而已。

　　假如从小就很会玩，很爱玩，什么要求父母都满足，这就是从小就享福了。从小享福，他往后的人生会怎么样？今天有一个说法，"小朋友想要怎样，就让他怎样吧，就不要管他了，他想玩什么，就让他玩吧。"天堂啊，享乐！他花钱花习惯了，因为花了很多钱，还没赚钱就已经负债了，所以一入社会，他就必须赶紧赚钱还钱。他想着，我一定要不断地爬升上去，才能赚更多的钱。所以都是想到自己的享受、名利，看到同仁，感觉都是对手，他会嫉妒人家、会跟人家对立，"我不能输"，在职场当中喘不过气来，像打仗一样。大量的精神、时间都用在赚钱，可能就忽略了家庭的经营，最后可能离婚了，孩子都没管好。现在这种家庭太多了，俗话讲"家家有本难念的经"，现在还不只一本，很多本。太太有太太的问题，儿子有儿子的问题，为什么？没传道。婆婆有婆婆的问题，丈母娘有丈母娘的问题。每一个角色都有正道，忽略了家庭经营，问题出来了，孩子不孝顺，晚年没人管，很多人老了就在养老院里面，就坐吃等死了。人到中晚年之后能不能幸福，完全来自于他有没有家庭的温暖，有没有天伦之乐。

所以，假如人生的方向是享乐，往后发展一定不平衡，一定会有种种情况出现。我们老祖宗走的人生，是循序的、稳健的、全面的发展，不能只有事业，没有家庭。其实在西方的经典当中也强调，任何的成功都弥补不了家庭的破碎，但是问题就出在现在这个时代，忽略了孔孟的教育、圣贤的教育，很多人整个人生没有一个正确的价值观，然后就追名逐利，就失去平衡，都很痛苦，心灵空虚，得不到家庭的温暖。

所以今天假如贪心愈来愈长，最后就可能铤而走险，触犯法网，现在听说监狱愈盖愈大，都装不下了；或者放纵欲望，行为偏颇了，醉生梦死，过着禽兽不如的生活；或者很迷茫，追名逐利，整个机械式的工作、生活，到最后就很麻木，每天还要应酬、喝酒，回来就躺在那里睡了，家里的人很少沟通，甚至于家人最后都形同陌路。

我们是要追求人生的幸福美满，怎么到最后变成这个样子了？诸位学长为人父母，为人老师，为人领导，到底我们要把孩子、把员工带到什么样的人生方向去？孩子都跟着我们："爸爸你要往哪里去？妈妈你要往哪里去？"我们回头看看他："你问我，我问谁？过一天算一天啊。"真的，追求享乐的人生，就是过一天算一天，没有长远的眼光。

所以，传授正确的思想价值观，人生才没有迷惑。而老师明白这些道理，才能够指导学生的人生，他有哪些迷惑，可以帮他解决。

《孟子》当中有一段话，"贤者以其昭昭，使人昭昭"，"贤者"，有学问的人，"昭昭"就是明白圣贤的教诲。其实这就是古圣先贤讲的，"先觉觉后觉"，先觉悟的人，再去觉悟他人。就像我们常常点灯、点蜡烛，一定是自己先亮了，才能够去点亮别人的蜡烛，点亮别人的心灯。"今以其昏昏"，可是现代的人，自己都搞不清楚道理，却要让人家明白，要"使人昭昭"。比方在位的领导者，一个政治人物，他很多的决策都影响着整个国家民族的未来，假如搞错方向了，怎么可能让老百姓幸福？《礼记·学记》里面讲到"建国君民，教学为先"，教育要摆在第一位，但是有这种见地的领导者，现在就不多，都是强调拼经济、赚钱，是吧？《大学》讲，"德者本也，财者末也"，一个家庭、一个社会都在舍本逐末了，就会有乱象出现。

同样的，父母是一家之长，父母能明理了，才能让孩子明理。所以我们的文化特别强调三个角色——君、亲、师，与天地并列为五个最尊贵的身份，"天地君亲师"，我们也要对得起这个身份。教学的人，自己"昏昏"却要"使人昭昭"，那也不可能。所以要解别人的惑，首先要解自己的惑，自己明白事理了，没有疑惑了，才能帮别人断疑解惑。

我认识一位研究所的同学，他成绩算是很优秀的，从小到大，不是第一名就是第二名。但优秀不能只看分数，是吧？可是人们只注意到他的分数，却没注意到他的心灵状况，他的得失心会跟着上去。所以遇到自己成绩不好的状况，一下子心理就调整不过来，会有轻生的倾向。这一位研究生，他真的读得很痛苦了，他说他走出图书馆，看到有市民带着狗出来遛一遛，他看着那只狗挺开心的，他说我怎么活得都不如一条狗呢。现在狗还可以悠哉游哉在那里散步，但在一百个人里面有几个人可以？结果他就去请教他的导师："老师，《论语》第一句话就说，'学而时习之，不亦说乎'，怎么我觉得人生读书很苦啊？"结果他老师跟他讲："我跟你一样啊。"

这就是我们这个时代要解开的疑惑啊，苦在哪里，苦从何来，得搞清楚。不从苦的根源解决，苦是不可能减少的。

结果他老师这么跟他讲，他的问题没有得到解决，就去问系里面最受欢迎的那个老师："孔子讲'不亦说乎'，怎么我这么苦？"结果这个老师跟他讲："人生本来就是这样！"诸位学长，人生假如一定要苦，你还想不想过？经典没有这么讲，经典说"种瓜得瓜，种豆得豆"，你种下好的、幸福的种子，以后就开好的花、结好的果了。

所以，怎么解惑就很重要了，当父母的、当领导的、当老师的要能解惑。孩子问你："妈，人生怎么这么苦？"诸位学长，我们要怎么回答？苦、乐，主要都在心态，一个人贪求、患得患失了，苦就来了。一个人有平常心，不自私自利，能知足，他就不苦了，俗话说"人生解知足，烦恼一时除"。所有的苦，三个字就讲透了，叫"求不得"。所以我们给孩子的人生态度，是从小就不要贪求，懂得付出，他就能体会什么叫为善最乐、助人为乐。

大家看过《暖春》没有？大家想一想，小花苦不苦？片子已经告诉我们谁最苦了。那个镜头出来，都是在床上翻来翻去，谁啊？婶娘嘛。你说她挺凶的，可是她最苦，晚上都睡不着觉。所以那个很凶的人，你不要跟他计较，他晚上都睡不着觉，他有时候还得吃安眠药，是不是？每天发那么大脾气，心都静不下来，还得吃药。可恶之人必有可怜之处。

小花什么都不求，她就没苦。她乐在哪？"我最喜欢看爷爷笑。"她的乐在哪？报恩啊！这是她的快乐。你看她每一次拿着考卷跑回来，"我又考第一了，我又考第一了。"找谁啊？找爷爷，他高兴啊。所以，人生都是在感恩当中、都是在报恩当中，一定幸福。

"恩欲报，怨欲忘"，小花的功夫很好，她是"怨不生"，她连个怨的念头都不起。一般的人说"你怎么这么傻？"到底谁傻？不计较的人、不把任何人的不好放心上的人，傻吗？那叫会过日子。常常把别人的不是都放在心上，那叫自己找罪受。你看邻居问小花："你不恨婶娘吗？""婶娘不是坏人，你看上一次她带我出去的时候，她也没有把我给人啊。"明明是要把她送人，结果她追她婶娘追到婶娘的脚踏车倒下去了，后来就没把她送走。她就记住婶娘没有把自己给别人，就专记别人的好，她就乐了。

我们的孩子，有没有这样的人生态度？他现在有了，以后一定幸福；他现在都是在求不得的痛苦当中，哪怕他以后再有钱、再有地位，苦会愈来愈多，没有侥幸的。科学家统计，一两岁的孩子，一天平均笑一百七十次，成人平均一天笑七次。我们想一想，人生是追求幸福快乐，怎么愈活愈笑不出来了？笑不出来就是太多的苦，就是太多的执着、太多的贪求了。

说实在的，这都是接触老祖宗的教诲我才慢慢明白的道理。我从小就是得失心特别重的，一到考试就紧张得不行，考大学联考，还吃两颗镇静剂，结果还是没睡着。你说人都因自己这些错误的心态累得半死，不是自己累而已，全家跟着累。我考大学，那是全家总动员，刚好一台车五个人，四个人陪考。我有同学性格就非常地豪爽，人家遇到考试很轻松，"爸妈都不用去了，我自己去就好。"拿个矿泉水就走了，家里像没什么事一样。我去考试，路上碰到我一个同学，他妈妈陪他来考，打了招呼，他妈妈就说了："礼旭啊，哦，你怎么这么有福气，两个妹妹都来陪你考试。"（把姐姐说成妹妹。）我还没考，心情已经很郁闷。结果进去考试，写了没几题，感觉镇静剂还是蛮有效的，它在发挥药效了，所以第一科考中文，我就没考及格，大学就考得不是很好。

从小就是这样。初中为了要编进好的班级，英文考了九十八分，哭了两个小时，因为没有一百分。就为了那两分，可以哭两个小时，然后还打电话给我爸，我爸说："哎呀，别哭了，别哭了。"我的得失心，都是有赖于父母的豁达，慢慢把我调过来，不然实在太严重了，现在可能都得忧郁症了。我记得初中毕业的时候，我们就准备了一个纪念册，拿给每个同学写几句话，留作纪念。我有个同学跟我三年同班，他就给我画了一个小男生，然后滴了几滴眼泪。所以确确实实，人没有遇到经典，人生真的是黑暗，染上太多错误的思想、价值观，自己都不知道。

"**人非生而知之者，孰能无惑**？""孰"就是指"谁"，谁能无惑。而孔子也说他"非生而知之"，但孔子是"敏而好学"，他非常地用功、非常下功夫。孔子是"学而不厌"，学习非常地积极、快乐，"发愤忘食，乐以忘忧，不知老之将至"，读书之乐让自己都忘了年龄了。所以人都不是生而知之，都需要通过经典的教育，来解决人生很多的不明白。

"**惑而不从师，其为惑也，终不解矣。**"人有了疑惑，而不请教明白的善知识、老师，那他的疑惑可能一辈子都解不了。所以《弟子规》当中有一句经句说，"心有疑，随札记，就人问，求确义"。人只要心里面有疑惑，他就不可能很快乐，疑团、疑惑就像一团乌云一样，障住了自己的心田。又有一句话讲"理得心安"，人不明事理，就会很容易担忧、恐惧、害怕。人的担忧都从哪来？担心未来的事情。"哎呀，我儿子以后会不会怎么样？""哎呀，我以后会不会破产？"想一大堆以后的事情，担心半天。明白的人应该是心很安才对，所以有一句话讲到，"欲知将来结果，只问现在功夫"。所以务农的人，他比较乐天知命，要怎么收获，就先怎么耕耘就对了。我们现在所做的努力，跟未来是息息相关的。

所以真明白的人，他不疑惑。《大学》里说的，心有所恐惧，不得其正；有所忧患，不得其正。知道了种瓜得瓜种豆得豆，他的人生态度就是"但行好事，莫问前程"。这个"莫问"就是不要患得患失，让它水到渠成。我们现在人苦闷，没有尝过什么叫水到渠成的那种愉快。现在都是很急，急于求成，比方种榴莲，"你赶快熟吧，赶快熟吧。"就一直在那里催，然后还没熟，又把它摘下来了。强摘下来的，甜不甜啊？都是酸的，不好吃。榴莲熟了，它自己掉就好了嘛。

所以这里也提醒，老师能"传道、授业、解惑"，人有疑惑了，一定要请教经典、老师来解掉这个疑惑，不然他的人生是不可能有明白、有快乐的。

"生乎吾前，其闻道也，固先乎吾，吾从而师之。"这一句的意思就是，比我年纪大，比我早出世的人，听闻、领悟道理比我还要早，所以我向他请教，向他学习。**"生乎吾后，其闻道也，亦先乎吾，吾从而师之。"**他年龄比我还轻，但是他学习、效法经典跟圣贤学问比我还早，那我也向他效法、学习。**"吾师道也，夫庸知其年之先后生于吾乎！""**吾师道"，就是我学习古圣先贤，目的是要学习古圣先贤的大道。"夫庸"，这个"夫"是发语词，"庸"就是指何必一定要怎么样，就是何必要知道他的年龄比我大还是比我小呢。我们是向他学习大道，又不是要计较他年龄大还是年龄小。所以接着讲到，**"是故无贵、无贱、无长、无少"**，"贵贱"是指地位，"长少"是指年龄，我们既是要学习大道，最重要的是**"道之所存，师之所存也"**，只要他是真明白大道的人，我们就可以向他学习，他就可以给我们一些指导。"师之所存"，就可以做我们的老师了。

这是韩愈先生的分析，既然人生有疑惑，那就应该去向老师学习，而向这个老师学习，重要的是他有没有领悟古圣先贤的大道，而不是要去关注，甚至去挂碍、计较他的年龄是长还是少。

接着，"嗟乎"，这就是叹息了，哎呀，"师道之不传也久矣！"就是当时的那个时代，大众很少会主动去亲近好老师，学习圣贤大道，这样的风气没有了。"欲人之无惑也难矣！"不学经典、不学圣贤的学问，人想要对人生没迷惑，就不容易了。"古之圣人，其出人也远矣，犹且从师而问焉。""出"就是超过一般人的素质，德行很好。古时候的圣人，他们自己很有学问、很有地位，但是却很好学，去向人请教。像《三字经》当中提到的"昔仲尼，师项橐"，孔子曾经请教一位七岁的孩童，项橐。"古圣贤，尚勤学"，孔子这样有智慧的人，他一有学习的机会，哪怕是一个七岁的孩子，都跟他请教，"犹且从师而问焉"。"今之众人，其下圣人也亦远矣，而耻学于师。""下"就是不如圣贤人，低于圣贤人的道德学问很远。现在一般的人，却觉得去向人请教、求学是很丢脸的事情。

圣人有这么高的智慧，他还好学；一般的人，已经智慧不足了，又不愿意学，那差距就愈来愈大了。所以接下来讲："是故圣益圣，愚益愚。"圣人就愈来愈有智慧、愈来愈明白；一般的大众，愚昧的人，就愈来愈搞不清楚、愈来愈迷惑颠倒了。"圣人之所以为圣，愚人之所以为愚，其皆出于此乎？"圣人为什么能成就道德学问？愚人为什么愈来愈沉沦，甚至一生就这样迷迷糊糊过去了？大概关键就在有没有好学的态度。

所以孔子讲的"三达德"，第一条就告诉我们，"好学近乎知"，人肯向经典、向明师学习，他才有智慧；有了智慧，才能成就自己的人生，也才能去利益他人。所以智慧是人生相当重要的基础所在。

好，这一节我们先讲到这里，谢谢大家！

第三讲

我们接着看《师说》。上节课学到了"是故圣益圣，愚益愚"，我们了解到，"学如逆水行舟"，不进则会退的。所以韩愈先生讲："圣人之所以为圣，愚人之所以为愚，其皆出于此乎？"主要的就在他有没有好学的态度。而在《尚书》当中，提到一个很重要的态度，"能自得师者王，谓人莫己若者亡。"一个人能够主动地去向很有学问的人学习、请教，那他以后能够王天下。这叫"内圣外王"的学问。"内圣"，是有智慧，"外王"，是用智慧去爱人、去利益人。

很多圣王都有这个态度。我们看周朝，周文王的道德学问已经很好了，他遇到姜太公，请姜太公当国师，所以周朝的整个运势就兴盛起来了。后来他的儿子继承他的事业，尊称姜太公为"尚父"。姜太公名尚，所以对姜太公像他自己的父亲一样尊重。文王尊太公为国师，武王像对待父亲一样尊重太公，所以这就是"用师者王"。把这些有德行的人尊为老师，更重要的，对他们教诲的都能够依教奉行，那国家就要兴盛起来了。

而且以这些有德行的人为老师，事实上面对老师他是有压力的，所以不敢太嚣张。有一句格言讲，"汤武以谔谔而昌，桀纣以唯唯而亡"。商汤跟武王，这个"谔谔"，就是他的一些股肱大臣都能直言不讳地指出他的问题，他也很愿意接受，所以国家兴盛起来。而桀纣，这个"唯唯"就是他在的时候没有人敢讲话，谁讲话了他也听不进去，甚至于就杀了他们。所有的人都不敢讲话了，没有人可以提醒他、教诲他了，国家就要亡掉了。所以兴跟衰，关键都在有没有尊崇有道德的人，有没有听进劝谏，虚心受教。

我们来看一个故事，里面讲到为人君应该怎么做。

师经鼓琴，魏文侯起舞，赋曰："使我言而无见违。"师经援琴而撞文侯，不中，中旒（liú）溃之，文侯谓左右曰："为人臣而撞其君，其罪如何？"左右曰："罪当烹。"提师经下堂一等。师经曰："臣可一言而死乎？"文侯曰："可。"师经曰："昔尧舜之为君也，唯恐言而人不违；桀纣之为君也，唯恐言而人违之。臣撞桀、纣，非撞吾君也。"文侯曰："释之！是寡人之过也，悬琴于城门，以为寡人符；不补旒，以为寡人戒。"（《说苑》）

"师经鼓琴"。"师经"是一个乐师。以前的乐师很不简单。为了能够谱出、弹出更好的乐曲，他把自己的眼睛弄瞎，这样他的耳朵就会更敏锐。

师经在弹琴，"**魏文侯起舞**"。魏文侯是魏国的国君，"**赋曰**"，音乐很美妙，魏文侯心情很好，就唱出来了，讲起话来了："**使我言而无见违**。"我所讲的话没有任何人违背，都要听我的，"**师经援琴而撞文侯，不中**"。乐师听到魏文侯讲这样的话，抱着琴就撞过去了，非常地突然，没有撞中。魏文侯闪开了，但因为太突然了，整个倒下去了。"**中旒溃之**"，"中旒"就是以前国君戴的帽子前面的玉串。结果因突如其来的冲撞，魏文侯倒下去时玉串的珠子都掉在地上了。

魏文侯被吓了一大跳，挺生气的，马上就说了，"**文侯谓左右曰**"，对着左右的人说，"**为人臣而撞其君，其罪如何**"，一个臣子要撞死他的国君，这是什么罪？"**左右曰：罪当烹。**"应该把他煮死，那个时候的刑罚是这样。

"**提师经下堂一等**"，左右的士兵就把师经抓起来了，要去行刑了。才往下走一阶。"**师经曰：臣可一言而死乎？**"大王，我可以讲句话再死吗？"**文侯曰：可。**"你讲吧。以前特别尊重将死的人，因为人都要死了，满他的愿吧。

"**师经曰：昔尧、舜之为君也**"，尧、舜当国君的时候，"**唯恐言而人不违**"，就怕底下的人不提一些不同的意见，不能从其他的角度来补充他，甚至质疑他的一些思考跟决定，因为要集思才能广益。所以尧、舜很怕自己讲的话没有人反驳，提更宝贵的意见。所以圣人有智慧，还很谦虚，很懂得集合大家的智能。"桀、纣之为君也"，夏桀跟商纣当国君，就怕人家提不同的意见，违背他的意思，全都要听他们的。"臣撞桀、纣"，我刚刚以为听到了桀、纣在讲话，所以不是要撞我的国君，"非撞吾君也"。

这些大臣很有智慧，讲话都是引经据典，对历史都很清楚，也很含蓄，就是让听的人提起正念。其实人迷惑的时候只要正念提起来，问题就解决了，"圣狂之分，在乎一念"。所以以前当臣子，历史还要读得很通，各种不同的因缘，他都用最适合的案例来提醒。

比方说有一次，唐太宗有一匹心爱的马被他的下属给养死了，他非常生气，就要处罚这一个下属。结果他的妻子长孙皇后，也没说唐太宗不对，就给他讲了个故事。

春秋时候，齐景公的宝马被下属给养死了，他很生气，就要杀死这个下属。当时，齐国有一个贤臣叫晏子，很有智慧。他身高很矮，到楚国去的时候，楚国人要羞辱他，开个狗洞，不开正门给他进。结果晏子说，到狗国才走狗门，人家门就开了。晏子看到齐景公这么生气要杀臣子，然后还补一句"谁有意见，跟他一样"，谁都不敢讲话了，但是晏子就说了："国君，这个人罪该万死，来，我来处理。"然后他就对这个下属讲："你犯了三个最严重的罪，一定要处死你。第一，你把国君最心爱的马养死了，第一罪；第二罪，你让国君因为一个臣子把他的马养死了而要处死他，让全国人民都知道齐景公爱马不爱人，这是第二个重罪；第三罪，你让其他国家的人都知道齐景公为了一匹马杀人，杀了他的臣子，所有的国家都看不起我齐国，第三重罪！你罪该死。"齐景公听了，"好了好了，把他放了，把他放了。"

你看，他也没有去批评齐景公，只是把国君的正念给提起来。人生气也是假的，是吧？念头一转不就没事了嘛。所以能让人提起正念，很多错误的行为就可以避免了。

魏文侯也很不简单，一听，"释之。是寡人之过也"，是我错不是他错了，我还得感谢他的提醒。魏文侯怕自己忘了，**"悬琴于城门"**，把这个撞坏的琴放在城门，**"以为寡人符"**，就让我看着这个琴，时时都记得我今天的过失。而且放在城门，让老百姓都看着，来监督他，这更不简单。

诸葛孔明能得到人民的爱戴，他就有**"布所失于天下"**的态度，把自己的过失都公布出来。而且还请下属**"勤攻吾之缺"**，让下属提出自己的缺点。而且**"集众思，广忠益"**，集思广益，让大家参与，调动大家的智慧。所以要能多商量，少命令。商量，把大家的智慧、经验都调动出来；命令，他只能接受，也不敢提意见，他的能力也上不来。甚至于命令错误的，他会愈来愈不认同，愈来愈没信心了。诸葛孔明是很有智慧的，但是**"智者千虑，必有一失"**，他还是非常谨慎，集大家的智慧。

所以魏文侯不简单，魏国在他在位的时候还是很强盛。而且**"不补旒，以为寡人戒"**，那个玉串坏了不用修了，他每天一看到就知道，要多**"集众思，广忠益"**了，要能听取大家宝贵的意见。

好，我们看下一个故事。

> 文王问于吕望曰："为天下若何？"对曰："王国富民，霸国富士；仅存之国，富大夫；亡道之国，富仓府；是谓上溢而下漏。"文王曰："善。"对曰："宿善不祥。"是日也，发其仓府以赈鳏、寡、孤、独。（《说苑》）

"文王问于吕望曰"，就是文王向姜太公请教。**"为天下若何？"**治理天下应该怎么做？**"对曰：王国富民"**，强盛的国家，让人民都过上好日子。**"霸国富士"**，国家比较强盛，读书人能够有好的生活。**"仅存之国富大夫"**，就是仅能存续下去的国家，让高官都有好日子，都有富贵。**"亡道之国"**，一个国家快要灭亡了是什么状况？**"富仓府"**，只有国王很有财富。**"是谓上溢而下漏"**，国君很有钱，但是老百姓很穷困。积财伤道啊！国君积累很多钱财为自己私用，最后人民就推翻他了。

"文王曰：善。"文王说，哎呀，讲得太好了！接着，姜太公说"宿善不祥"，姜太公马上接话，既然是好的道理，赶紧去做，隔天才要去做就不吉祥。"是日也，发其仓府"，于是当天就把仓库打开，"以赈鳏、寡、孤、独"。对于有德行的人的话，从善如流，"用师者"就"王"了。

所以，治理天下国家有九个不变的原则。第一是"修身"，因为"有德此有人"，一个人没有德行，他没有办法凝聚有志之士。再来，排在第二位的就是"尊贤"，尊重贤德之人。历代兴盛的朝代都是这样。商汤用伊尹这么贤德的人，天下人一看，贤德的人都能有所发挥，为国为民，马上很多有志之士都涌过来了。所以《论语》里面说，"汤有天下……举伊尹，不仁者远矣"，用了伊尹这样的贤相，没德行的人知道有这样的贤相在，不可以浑水摸鱼、贪赃枉法了，就赶紧走了。所以"尊贤"很重要。

"用友者霸，用徒者亡"，把贤德的人仅仅当作很好的兄弟朋友一样，还能完成国家的霸业。在汉朝，刘邦对待萧何、张良就是这个态度，包括刘备对待诸葛孔明，也是"用友者霸"。"用徒者亡"，把贤德之人看作一般的人，甚至还糟蹋他、伤害他，就像夏桀跟商纣，那国家就要亡了。

我们接着看《师说》的原文。刚刚举这些例子，就是让我们体会到，为什么"圣益圣，愚益愚"，在于他们能不能尊重有道德之人，进而听取他们的谏言，接受他们的教诲。这对于他自身、对于国家，都有很大的影响。听了，就有好的影响；不听，就有坏的影响。

接着，"爱其子，择师而教之，于其身也，则耻师焉，惑矣！"父母爱孩子，所以选择好的老师来教导他。一个孩子要教得好，第一个基础是家庭教育，再来就是父母为孩子找一个有真学问、真道德的老师。所以古代很注重择师，所谓千里寻师。而一个人帮孩子找来老师了，"于其身也，则耻师焉"，自己却觉得跟老师学习是很丢脸、很可耻的事情。"惑矣"，这样的做法是不是有点颠倒了？自己为孩子找老师，然后自己不学，自己也没老师，那孩子会想了：你要我跟老师学，可你自己都没有老师，你也不学。所以教育不能达到好的效果，主要的还是父母、长者自己没有把身教做出来。希望孩子好学，我们自己要先好学；希望孩子尊重经典、尊重圣贤，我们自己要先做。但现在都只要孩子做，自己不做。所以韩愈先生在这里讲，这样是达不到好的效果的。

所以，父母觉得孩子不听话，老师觉得孩子不好教，领导觉得下属不好带，都应该回到身教当中来思考。因为"其身正，不令而行；其身不正，虽令不从"，长辈、父母能够自己先做得好，孩子的善心被榜样的力量给带动了，不用命令他，他自己就做了。有一个企业家到马来西亚参加进修班四十五天，回去之后，当天就给他父亲母亲洗脚。他有两个女儿，他们夫妻在做的时候，两个小女儿连叫都不用叫，就一起参与了，洗得不亦乐乎。所以身教的力量是很大的。

"**彼童子之师，授之书而习其句读者，非我所谓传其道、解其惑者也。**""彼童子之师"，就是孩子的老师，主要是教授读书，以前孩子上私塾就是读经、读诵。"而习其句读"，这个"读"字跟逗点的"逗"是相通的。除了让他们读诵经典以外，还要学会经典正确的句读，这样才能把书念对。但是这样的老师所传授的，只是知识而已，并不是我所说的"传其道"，传习大道，传承道德，然后能帮人解除疑惑。

接着，"**句读之不知，惑之不解，或师焉，或不焉，小学而大遗，吾未见其明也。**"句读不会的时候，"或师焉"，懂得向老师请教。"惑之不解"，有疑惑的时候，"或不焉"，反而没有去问，不去请教。面对小的知识技能，都很主动地赶紧去问，但是人生的疑惑反而不去请教，"小学而大遗"，只学到小的方面，把最重要的道德学问给忽略了。老师应该是传道、授业、解惑，结果人不向老师学习什么是大道，怎么经营一生的家业、事业，怎么解决人生的疑惑，都不去请教这些重要的问题了。

我们念到这里也反思，我们读书也十几年了，好像也没有去思考过什么是人生的大道，怎么解决人生的疑惑，好像一天一天得过且过就这样过来了。所以"吾未见其明也"，像这样的人，确实他的人生是不可能明白的。而且他这么做，已经很没有见识了。人生有轻重、缓急、本末，那什么才是人的根本？"德"才是本，知识技能是"末"，是为德所用。结果道德学问都不学，只学这些技能。所以，假如是这样来教孩子，第一，他自己不会明白；第二，孩子也不可能明理。

刚刚这一段，事实上也是父母本身的见地不够。说实在的，现在世间一讲到学习，就是学弹琴、学心算，学这些东西，大家有没有去看过哪一个补习班是学做人？

有一个父亲，他的孩子要念幼儿园，他就到一些幼儿园去了解情况。结果到了一个幼儿园，他就问了："你们这个幼儿园的特色是什么？"这个幼儿园的老师说："我们很强调做人。"结果这个爸爸说："做人谁不会啊。"就走了。反而强调做人的，人家不一定能接受。而一听说三岁四岁就可以说英语，就高兴得不得了。但是大家要了解，先有才而没有德的基础，一个人是很难不傲慢的。所以，《礼记·曲礼》一开头就讲，"傲不可长，欲不可纵。"很多人人生的灾祸从哪里来？有才华没有德行，就傲慢了，另一半都受不了。因为傲慢，就会有很多的障碍出现，最后就要吃亏了。

所以，有见识的人教导自己的孩子、学生"士先器识，而后文艺"，要知所先后。读书人最重要的，就是扩宽心量，还要有智慧，有远识，然后才是发展技能。这个顺序一倒了，一有才华，就傲慢起来了。孔子又提醒，"如有周公之才之美，使骄且吝，其余不足观也已"，这个人不会有大的成就了。

历史当中，范仲淹先生胸怀天下，"先天下之忧而忧，后天下之乐而乐"。周公制礼作乐，编出的《周礼》，方东美先生说是全世界最好的宪法，也开了中华民族最悠久的朝代，八百多年。所以周公、范仲淹，都是先有器识，然后再配合才华能力，造福于人。

比方说秦国，用法家，用杀戮统一天下，有没有见识？没有。所以才十五年就亡国了。这跟制礼作乐，以德化民、享国八百多年的周朝比起来，不能比啊。所以这个次第很重要。

"小学而大遗"，人们把重点、把学问的根本给忘记了，只在这些小的技能方面下功夫，所以我们这个时代，能不能培养出范仲淹？大学毕业，你去采访一下："你终于大学毕业，国家培养你十六年，你现在的想法是什么？是不是觉得可以出来报效国家了？"大学生说："哦，我昨天没睡饱，我昨天打计算机还打到半夜三点，我没时间回答，我要回去睡觉了。"现在很多人大学毕业，哪想什么回馈家庭、回馈社会，只想赶紧赚到钱可以花罢了。这些现象都是因为忽略了德行这个根本，所以培养不出真正的忧国忧民的人才，培养不出忠臣，也培养不出孝子。"大遗"，孝悌忠信忘记了，礼义廉耻。"百善孝为先"，孝心开，百善、百德皆开。他整个人生因为有了道德，一定能够贡献家庭跟社会。

好，接着下一段："**巫、医、乐师、百工之人，不耻相师。**""巫"是巫师，是为人降神、祈祷。"医"是医生。"百工之人"，就是各种工匠。从事各种行业的人，都是用技能来服务大众，"不耻相师"，不以拜老师而感到羞耻。各个行业要学到真本事，还得手把手地教，才看得到门道，才学得到真学问。

各行各业都懂得好好地向老师学习各种技能，但是读书人反而不愿意向人学习。"**士大夫之族，曰师、曰弟子云者，则群聚而笑之。**"这些读书人、当官的人，假如有互相以老师、弟子来称呼的，聚在一起就取笑他们。"**问之**"，就问他，笑什么，结果这些读书人就回答了，"**则曰：彼与彼年相若也，道相似也**"，你们两个年龄相差不多，学识也差不了多少，干吗"弟子"跟"师"这样来称呼。"**位卑则足羞**"，假如称这个人是"师"，而他的社会地位不是很高，这样自己就会觉得很丢脸；"**官盛则近谀**"，假如这个人官做得很大，又怕人家觉得，你是不是要谄媚这个大官。

念到这里都感觉，这样做人累不累啊？做什么事都很在乎别人的看法。问题是别人的看法对不对，都是不对的看法，我们还这么在意，不就随波逐流了？而且在社会的洪流当中，做对的事情，往往是会被人家不认同，甚至是取笑的。这个时候，不能顾及这些面子。所以孔子说："人不知而不愠，不亦君子乎？"因为这个时代，能做对的事情，那是有见识的人。有这个见识，才能有远大的目标、理想，人家不理解，都不为所动。

所以在修道的路上，首先要把这个面子放下。我自己也曾经在书局一看到一些经典，就有一种冲动拿回去看，结果，被同学看到了，他就单击我的头，"你别假了啦！"真的是很向往圣贤的教诲，一般人不理解，甚至还泼冷水，给你泄气。所以一定要放下虚荣，人家讲就讲，我们不挂碍这些事，对的事情，坚持去做。

所以这个文章也提示我们反思，我们很多挂碍都是来自于面子。人家觉得我们谄媚，我们自己心安理得就好了。人家取笑，我们自己觉得做得对，能够求得学问，能够承传文化就好。他们怎么取笑、怎么批评，我们都当作是一种历事炼心，看自己是不是还有这些牵挂。

接着，**"呜呼！师道之不复可知矣。"** 师道退失得很严重，从这些现象可以看得出来。**"巫、医、乐师、百工之人，君子不齿。"** 各行各业的人，他们都懂得去向老师学习技能，而这些读书人，都还瞧不起他们。"君子"是指读书的人，"不齿"就是鄙视、不屑与之同列。**"今其智乃反不能及"**，这些所谓的读书人，耻于找老师学习，显然读书人的智慧远不如这些各行各业的人了！所以人一好面子，一傲慢，学问就上不去了。

其实一个人假如鄙视别人，"你们都比不上我，我才不要跟你们站在一起"，请问这个人是不是君子？他的学问有问题了。"学问深时意气平"，一个人学问愈好，他应该是愈平和、平等，绝不是傲慢。但问题来了，很多人好像多读些书，不知不觉就好为人师了，傲慢就起来了，就不尊重人了。学问最重要的就是从真诚恭敬他人当中提升。所以我们是效法孔子，应该是效法孔子的温、良、恭、俭、让。

刚刚我们提到《礼记》开篇《曲礼》，第一句话就说"毋不敬"，没有对任何人、任何事物不恭敬，"毋不敬"，对人、对事、对物都恭敬，这才是学问。所以一个人求学问，"诚敬"二字最重要。一个人从事教育工作，仁爱心最重要。尊敬老师，尊敬经典，尊敬他人，"德日进，过日少"。

好，所以接着讲：**"其可怪也欤！"** 这不是很奇怪吗？读书应该明理，怎么智慧反而比不上各行各业的人呢？所以刚刚这一段就是在强调，一般各行各业的人都懂得学习，懂得找老师提升，反而是读书人不愿意找老师学习了，读书人好面子，觉得去向人家请教是羞耻的事情。所以有一句成语提醒我们，"不耻下问"。"昔仲尼，师项橐，古圣贤，尚勤学"，都在提醒我们这些重要的态度。

接着韩愈先生举圣人来给大家启示。**"圣人无常师"**，孔子是圣人，只要有学习的机会，孔子都请教他们。**"孔子师郯子"**，这个郯子是指郯国的国君，"子"是他的爵位。以前的国君，爵位有公、侯、伯、子、男五等。这个郯国的国君，知道少昊氏（"五帝"之一）"以鸟名官"这个典故，并告诉鲁昭公。孔子知道了，"哦，他知道这个事。"一听到自己不知道的，赶紧就去向他请教。孔子的好学从这里就看得出来。**"苌弘"**，他精通鼓乐，孔子也向他请教。**"师襄"**，师襄擅长弹古琴。还向**"老聃"**问礼。所以孔子只要认为比他在某方面能力要高的，都主动去请教。

"郯子之徒，其贤不及孔子。"就是刚刚提到的郯子、苌弘，孔子曾经请教的人，他们的学问、道德不一定比孔子好。但**"孔子曰：三人行，则必有我师。"**这个原话是，"三人行，必有我师焉，择其善者而从之，其不善者而改之"。这一句话翻成《弟子规》，"见人善，即思齐，纵去远，以渐跻；见人恶，即内省，有则改，无加警"。我们从这里可以感受到，一个真正有修养的人，心是非常地平和。

"见人恶，即内省"，"其不善者而改之"。面对恶人、做错事的人，当作一面镜子反省自己。有这样的心境，会不会跟人对立？会不会跟人冲突？会不会把人家的过失放在心上，每天闷闷不乐，半夜做梦还骂人？"学问深时意气平"，而且有学问是有仁爱心，见人家不对，自己先做好，看以后有没有机会帮助他，"正己化人"，这样才对。看人家不顺眼，这都已经不在道中。

所以"三人行，必有我师焉"，孔子这个求学的态度很值得我们效法。"必有我师"，就是求学问的路上只有一个人是学生，谁是学生？自己。善者效法，恶者反省自己，都是老师。就像看一出戏一样，正面的角色，如岳飞，效法他的精忠报国。秦桧呢？哎呀，做人不能做成这样，遗臭万年。是吧？秦桧是不是我们人生的老师？他也在启发我们。

人有这种心境，每天遇到任何人都在学习，都在提升，他们都是我们的良师。我们感觉到最近没怎么提升了，一定是心境不对了，没有这种向一切人学习的心境了。可能看人家这个不好、那个不好，就上不去了。

举了孔子的榜样，所以接着说："**是故弟子不必不如师，师不必贤于弟子。闻道有先后，术业有专攻。**"这句话是这篇文章相当精彩的一句，一个人修道、闻道有先后。人家先闻道，先明道，哪怕年龄比我们轻，我们也可以向他请教。"术业有专攻"，这个"术业"包括儒家讲的"六艺"，礼、乐、射、御、书、数，包括书法、数学、驾车、射箭等能力。人家很懂得处事的礼仪，懂得音乐，这都可以向他请教。人家开车开得好，也可以向他请教。

开车也是修养。我们一开车，车上的人吓得半死；或者开了没多久，"停车！停车！"在旁边吐了。那就是在开车的时候只有自己，体恤不到别人的感受。学问就在处处替人着想，这个时候连踩刹车都是有节奏的，都能缓缓地下来，人家坐我们的车就很平稳。这都是"道也者，不可须臾离也"。开车是修为人着想、布施；开车守规矩；开车都不骂人，不发脾气，忍得住；愈开愈好是精进；开的时候心很定，不散乱；开的时候明明白白，也是学问，这就叫智慧。

包括煮饭，一个人能把饭煮得很好，让大家吃得高高兴兴，然后煮完厨房干干净净一尘不染，这也是功夫哦，他做事情都是很有条理的。他厨房管理得当，让他去带团队，或许也能带，原理原则可以相通的。

"**如是而已**"，所以，只要人家有学问，有好的能力，我们都能够去向他请教、学习，就很单纯的这种好学、向人请教的态度，不要再搞得很复杂。还要去问他几岁，还要去看他是几品官，还要看他父母是什么行业，这就很复杂了。

接着，"李氏子蟠，年十七"，有一个年轻人李蟠，十七岁。"好古文"，"古文"就是指周朝、秦、西汉时的文章。我们一开始讲到从东汉到隋朝这八代，整个文章都偏向于辞藻华丽了，失去"文以载道"、"文以贯道"的精神了。韩愈强调"文以贯道"，整个文章是融入了古圣先贤这些立身处世的智慧。而这一位年轻人特别喜好这些古文。

好学的人，尤其是好这些古文、古圣先贤教诲的，真有这种心，一定会感来很好的因缘，来成就自己的学问。人生的际遇、缘分，不是别人决定的，是自己的心感来的。至诚心可以感通，就像《中庸》讲的"至诚如神"。我们在学校从事小学教育，感觉到道德太重要了，再忽略掉，那以后的孩子不知道会变成什么样，然后就想学古文了。真的，很多长者、老人看到我们年轻人肯学，和盘托出，尽心尽力教我们。所以，好学的人、有使命的人一定会有机缘，有福报。所以你看这个年轻人就得到韩愈这么好的老师给他指导。

"六艺经传，皆通习之"，这里的"六艺"指的是《诗》、《书》、《礼》、《乐》、《易》、《春秋》。我们的整个圣贤教育的传统就是以这六经为主。对这六经"皆通习之"，"通"是通晓，"习"就是学了之后肯去做、去力行。《论语》开头讲的"学而时习之"，这个"习"就是实践、落实。

"不拘于时"，他不拘泥当时的风俗，不觉得向人请教太丢脸了，他不受这个影响，不随波逐流。"学于余"，他来向我学习。"余嘉其能行古道，作《师说》以贻之。"我非常赞许他能效法古人好学的态度。我们现在常说"人心不古"，就是我们现在的心态跟古人比起来不同，甚至差别太大。比方说，古人是勤俭，现在是虚荣；古人是重德，现在是重色；古人是觉得不能像古圣先贤一样是很羞耻的，现在是没有穿名牌觉得很羞耻。我们看，整个心境都偏得很厉害。礼义廉耻，"礼"是有节度，现在是奢侈，不奢侈不摆阔好像没面子。我们不冷静来思考，真的很容易被世俗的风气给带走了，就不能行"古道"了。

有一段话让我们对这个"耻"能有更深的体会。君子"耻不修，不耻见污；耻不信，不耻不见信；耻不能，不耻不见用"。现在人的羞耻心都偏到虚荣心去了，"哎哟，好丢脸，好没面子。"这没面子是虚荣心，怎么是羞耻心！我们很多烦恼、不愉快，其实都不是羞耻心起作用，而是虚荣心起作用。

我们看君子，他是羞耻自己"不修"，没有真实的修养，不羞耻人家侮辱他、毁谤他。"人不知而不愠"，很有修养了，人家还侮辱他，他也不计较，很有肚量。我们现在是，人家骂我们几句，批评我们，我们就很难过，受不了，睡不着觉，这就是"耻见污"了嘛。

"耻不信"，羞耻自己没有做出让人家信任的事情。人家不信任我们，我们马上觉得自己做得不够好，不能够让人家信赖，"反求诸己"，自己一定还有哪些不足。"不耻不见信"，就是人家不相信他，他不难过。我们现在往往难过什么？"他骂我了，他不相信我了。"是吧？就可以让我们痛苦好几天了，这都不是君子的风范了。不是君子的风范是什么？就是小人的行为，心胸太狭隘了，不开阔了。

"耻不能"，羞耻自己没有能力。有了能力，人家不愿意重用我，他也没有挂碍，这叫"穷则独善其身"，也不会怨天尤人。"不耻不见用"，人家不用，他不觉得很丢脸。而我们现在是就怕人家不用自己，但是不会考虑到底自己的能力够不够。君子是有能力人家不用，不难过。我们可能能力还不够，就想要去发挥，人家不用，我们就很难过，背后还骂他"有眼不识泰山"。所以这些经句、格言，都让我们省思，圣贤跟我们的差别就在这个心境上，"君子所以异于人者，以其存心也"。人家是什么心境来处世待人的？这值得我们去体会，去效法。所以，韩愈非常赞许这个十七岁的年轻人，能够效法古圣先贤好学的态度，作了这篇《师说》，来送给这个年轻人。

这一篇文章阐述了人要好学，要懂得向明白的人请教，来学习古圣先贤这些道德。我们这个时代，确实传统文化断层比较厉害，所以纵使我们现在有机会在讲台上跟大众分享传统文化，但其实自身的道德学问还差得非常远。所以，我们教育工作者要思考一个问题：要当好一个好的老师，首先一定要是一个好学生；要当一个好爸爸，首先一定要是一个好儿子；要当一个好领导，首先一定要是一个好下属。自己都当不好儿子，还能够当好爸爸？那怎么教孩子做好儿子呢？身教就做不出来了。所以我们要从事教育工作，要弘扬传统文化，首先我们得下功夫，自己要是一个好学生。那怎么样学习才是好学生？我们学儒就学孔子。下一节课大家一起来向孔子学习，在《论语》里面，孔子是怎么学习的，他是怎么教他的弟子学习的。

　　谢谢大家！

第四讲

大家好！

上一次我们一起学习了韩愈先生的《师说》。韩愈先生是我们弘扬中华传统文化的榜样，那个年代，文化比较危急，他能够义无反顾，舍我其谁，大力弘扬经典、古文，所以宋朝的苏轼先生赞叹韩愈是"文起八代之衰，而道济天下之溺"。韩愈先生是我们文化承先启后的一个关键的读书人。

《师说》中提出来老师的职责，"师者，所以传道，授业，解惑也"。一看到这个句子，当父母的人说，哦，我不是老师，这不是讲我。父母是孩子的第一任老师，所以，要把父母的角色扮演好，得要把"君、亲、师"的精神都能落实。"君"是领导，以身作则；"师"是引导、教导，长善救失。

当老师的人，自己也要以身作则。教育不能达到很好的效果，是我们教学者自己没有做到。历代圣贤，像孔老夫子，他真做到了，他的风范可以教化两千五百多年。《师说》里面也提到，我们的人生不可能没有迷惑，有了迷惑，就应该请教懂的人，所谓"闻道有先后，术业有专攻"。不要因为这个人比我们年轻，或者这个人比我们地位低，就觉得问他很耻辱。"是故无贵、无贱、无长、无少，道之所存，师之所存也。"

所以要主动地去请教。而请教当中，能得多大的利益，其实不是圣贤人决定的，不是经典决定的，不是老师决定的，是我们自己真诚恭敬的心决定的，"一分诚敬得一分利益，十分诚敬得十分利益"。《孝经》里面说，至诚如神，至诚感通。至诚的心，可以跟天地万物相感应。下面我们来看文章：

王沂公曾，其父见字纸遗坠，必掇拾，以香汤洗而烧之。一夕，梦至圣拊其背曰:"汝何敬重吾字纸之勤耶!恨汝老矣,无可成就,当令曾参来生汝家,显大门户。"果生沂公,因名曾。状元名相。此事,文昌《惜字文》特引劝谕。中复载泸州杨百行,坐经文而举家害癫;昌郡鲜于坤,残《孟子》而全家灭亡;杨全善,埋字纸而五世登科;李子林,葬字纸而一身显官。虽不及细详事实,大略皆昭昭果报云。(《德育古鉴》)

"王沂公曾",这是宋朝的贤相。"其父见字纸遗坠,必掇拾"。以前,纸非常地稀有,都是拿来印千古文章,所以古代特别珍惜字纸。王曾的父亲看到这些字纸在地上,把它捡起来。"以香汤洗而烧之",很恭敬地用香汤洗一洗,然后再拿去焚烧。看是一个小的动作,但是却代表着他对圣贤人教诲的那份诚敬的心。

"一夕",一天晚上,"梦至圣拊其背曰",孔子到他梦里,拍拍他的背。"汝何敬重吾字纸之勤耶",你这么重视留下来的这些教诲。"恨汝老矣,无可成就",你年纪大了,现在再开始读书可能晚一点了。"当令曾参来生汝家",让我的学生曾参来生汝家,"显大门户"。我们曾经说过,福田靠心耕。心田分哪三种?恩田、悲田和敬田。"显大门户",这是至诚恭敬孔老夫子,恭敬圣贤,所以他们家有大福报。

所谓"大德者,必得其位,必得其禄,必得其名,必得其寿",甚至是"子孙保之"。有福的人,后代子孙都很有福报,还一直祭祀他。古圣先王当中,大舜孝道圆满,孔子就赞叹他"子孙保之",果不其然,四千多年之后,他的子孙都还在祭祀他。胡、陈、傅、虞、田、姚姓,都是大舜的后代,传了四千多年。

所以《大学》里面讲,"有德此有人,有人此有土,有土此有财,有财此有用。"不只是经营事业,德行能够感来很好的员工、下属,连子孙都是感应来的。《了凡四训》说道,"有百世之德者,定有百世子孙保之;有十世之德者,定有十世子孙保之",没有德的,一生就是败家子。

我们在《传承千年不衰的家道》中一起学习了《训俭示康》，一个人很吝啬，生的都是败家子。"鄙啬之极，必生奢男"，为什么？因为一个人有钱又吝啬，就"积财丧道"。很多很苦的人都饿死了，他视若无睹。人的良心被盖起来了，德就折掉了。所以有德是念恩，有慈悲心、恭敬心；反过来，恩将仇报，没有慈悲心，不恭敬，就是损德了。

有没有跟大家讲过"求子三要"？要求个好儿子，是有方法的。第一，"敦伦积德，以立福基"。我们从整个历史长河来看，那些留名青史的圣贤，他的后代都是几百年、几千年不衰，那不就是因为他自己真正落实伦常、积了很厚的德所感召来的嘛。另外，他也留下了好的榜样给后代学习。第二，"保身节欲，以培先天"。第三，"胎幼善教，以免随流"。

有朋友看到这三条说，哎呀，我来不及了，孩子都大了。学东西不要只为自己，是吧？有人还没孩子，赶紧去告诉他们。这一念心，你跟你的后代就有福了。我有个朋友，孩子比较大了，他才有这个认识，走到哪，跟人家讲《弟子规》讲到哪。人家帮他剪头发，他就跟人讲《弟子规》。理发师怀了孕，听他一讲，开始给小朋友听《弟子规》的读诵。后来这个妈妈说，孩子生出来挺乖的。请问，他有没有功德？有啊，他尽心尽力，就是圆满，量大福大。

第二，"保身节欲"。这一点，现代的人不太懂，都相信西方的说法。其实人体是协调的，是很微妙的，就是一个小宇宙，非常地精密。所以男子的精气跟女子结合之后，可以变成一个人体。所以不是只有分析，只有蛋白质，只有什么成分而已，那看得太浅了。但现在健康教育就是这么教，所以就非常地纵欲。很多没结婚的青少年都不懂，结果就因为不珍惜精气，身体垮掉。彭鑫博士举了几个案例。有一个二十出头的学生，看起来就像一个老头一样，都有点秃头了，身体非常不好，他就是不懂得养精蓄锐，精气从十几岁就开始消耗了。所以说实在的，这些道理不懂，第一个，男人几乎找不到寿终正寝的。第二个，生不出真正健康的后代。身体健康，才能给孩子好的基础。夫妻都是一样，不要身体不好，就急着怀

代代出圣贤的教育智慧

孕，要先把身体调好，"保身节欲，以培先天"。

第三，"胎幼善教"。好的德行感应好的后代，再来，还要注意先天，夫妻要把身体给调好。然后是胎教，还有三岁以前的教育。孩子刚生出来，眼睛水汪汪的，看什么都很敏锐。他虽然不会讲话，但都在学习了。所以这个时候，母亲的风范就很重要，包括家里人的一言一行、一举一动，他都在观摩，都在效法。所以真正仁慈的父母、长辈，一定要给孩子做出好榜样来。这三年的根基扎牢了，哪怕社会风气不好，他也不容易随波逐流。

现在很多人担心小孩的教育，然后就开始打听，哪里有什么学校。好像没有一个好学校，孩子就没救了。大家想想这个逻辑对不对？影响孩子最大的，是家庭啊！我们现在有时候舍本逐末，舍近求远。现在社会风气不好，还是有很多孩子教得好啊，为什么？父母的身教很好。

而且说实在的，今天我们在那里非常地担忧、慌张，能找到好学校吗？人惊慌的时候，判断力都不够，抉择就会下错；心很笃定、很诚敬的时候，好的缘会来。比方选书，心很静了，有判断力去选好书，很慌张的时候就会选择错了。比方选对象，我们闽南话说，"拣拣拣，拣到卖龙眼的"，你很慌张就乱选了。所以急躁的时候决定的事，后悔的非常多。人能够定得下来，诚心给孩子做榜样，发一个心愿，一定要把我的孩子教成圣贤人，为往圣继绝学，为社会出力，这一念心就是福报，大福报，可能孩子很多好的缘分就慢慢接上了。所有的缘分，都是人心感来的。

所以我们看到王曾先生父亲的诚心、恭敬心，感来他们家族的兴盛。**"果生沂公，因名曾。状元名相"**，考上状元又是名相。**"此事，文昌《惜字文》特引劝谕"**，文昌帝君的《惜字文》特别强调了这个事情。

"中复载泸州杨百行，坐经文而举家害癞"，杨百行坐在经书上面，结果举家都害了癞病。我们要了解，圣贤人都是因为经典的教诲，才成就他的道德学问，进而利益百姓，所以"经"是圣贤的母亲，怎么可以不尊重呢？我们看到经典，要像看到圣贤一样地恭敬。**"昌郡鲜于坤，残《孟子》**

而全家灭亡"，不尊重《孟子》这本书，感来不好的果报。"杨全善，埋字纸而五世登科"，他们家有这种珍惜字纸、珍惜文化的态度，后代五世都考上进士。"李子林，葬字纸而一身显官。虽不及细详事实，大略皆昭昭果报云"，这样的例子太多了。

好，接着我们看下一个故事。

> 宋淳祐中，南昌先圣庙倾圮（pǐ）。知县李纯仁作新庙于县南，往移夫子圣像，十余人举之不动。一士子在旁戏曰："是之谓重泥。"李令正色责之，其士惶恐而退。至夜，忽被阴司追至一官府，曰："汝何敢慢侮先圣，决杖二十。"及觉，如痴人，自是便不识一字。（《德育古鉴》）

"宋淳祐中，南昌先圣庙倾圮"，南昌这个地方的孔子庙已经旧了。"知县李纯仁作新庙于县南"，就在城南盖了一个新庙。"往移夫子圣像"，要把夫子的像移到新庙里面来。"十余人举之不动"，圣像比较重，搬不动。"一士子在旁戏曰"，"士子"是指读书人。这个读书人在旁开玩笑，"是之谓重泥"。夫子字仲尼，他拿夫子开玩笑。"李令"，李县长，"正色责之"，非常严肃地斥责了他。这个读书人也觉得不妥当，"其士惶恐而退"。"至夜"，到了晚上。"忽被阴司追至一官府"，这个读书人被当官的追到官府里面去了。"曰：汝何敢慢侮先圣，决杖二十"，打他二十大板。"及觉，如痴人，自是便不识一字。"对至圣先师孔子无礼，有损福分。所以诚敬能得大利益，在很多记载当中，对经典非常恭敬，最后智慧大开的例子很多。轻慢、轻浮，甚至于毁谤古圣先贤的教诲，得的果报就很不好。

所以我们学习，一定从真实心中去求。至诚恭敬一定可以神交古人，圣贤人冥冥当中都会保佑我们。而我们在求学的过程当中，最好的榜样就是孔老夫子，我们学儒就学孔子。遇到任何事情都会想，孔子会怎么做？整个心境就不一样了。

我们真的有这个心境，三个月保证学问提升一大半，有种君子之风。为什么？因为标准是圣人，再怎么差也有君子之风，是吧？但是一定要守住这个原则，时时都以夫子为榜样。夫子的学习、夫子的教学、夫子承传文化的行持，都是我们的榜样。我们现在要学习传统文化，要弘扬传统文化，一定要把夫子印在心上，拳拳服膺，好好效法。

那夫子是如何学习的？是如何教学的？是如何承传文化的？我们接着以《论语》里面的经句，来体会夫子的风范。我们看第一句。

子曰：学而时习之，不亦说乎？有朋自远方来，不亦乐乎？人不知而不愠，不亦君子乎？（《论语·学而》）

虽然是短短的一句经文，但学习的精神、次序都在其中了。

"子曰：学而时习之"，"学"，整部《论语》从"学"开始谈起。人只要学习了，就能有智能，有了智慧，就能够利己，又能够利人，这一生就会活得很有价值，这就是学习的目的。

我们从幼儿园开始，一直在学校读书，我们了不了解学习的目的是什么？假如没有读经典，我们读书读了十几年，会认为读书志在考试，是吧？就是写在考卷上而已。那是学习的枝末了。真正的学习，就像《大学》讲的，"大学之道，在明明德"，"明德"就是《三字经》讲的，"人之初，性本善"。"明明德"，就是恢复自己的本善，这就是学习最重要的目的。恢复了本善，就成就自己的智慧了。自己觉悟了，进而"亲民"，这叫觉他。自觉觉他，这是人生的意义啊。自觉觉他做到尽心尽力、圆满，叫"止于至善"。所以读经典很好，一句话，人生就清清楚楚了。我以前没读经，光是想这个人生要干吗，都不知道想了多少时间，就是没想明白过。所以读经太重要了，这是古圣先贤的智慧跟人生的经验。

孔子说，"吾尝终日不食"，一整天不吃饭。"终夜不寝"，整个晚上不睡觉。"以思"，就在那里想，人生的意义是什么。结果想啊想，还是没想明白，"无益，不如学也"。这个"学"其实就是打开经典，从古圣先贤的教诲当中，就能得到很多人生的启发。我的人生，活了二十多年，糊里糊涂，不知道方向在哪里。最后打开经典，得到老祖宗的慈悲、恩泽，才慢慢把方向搞明白。所以"祖宗虽远，祭祀不可不诚；子孙虽愚，经书不可不读"，人不读经，人生真的是浑浑噩噩，迷迷糊糊，甚至于是非、善恶、邪正都分不清楚。

所以，学习是觉悟，学习是有智慧之后能去帮助人，是恢复我们的本善、德能跟智慧。《三字经》开头就说了，"人之初，性本善"，人真正清楚这个真相，就不会没信心了。在我求学的过程当中，我感觉大部分都没信心，比较消极。那些所谓有信心的，仔细一想，叫狂妄、自大。而且，在这个时代，人喜欢攀比。人家那个头发这么黑，我有点黄；人家那个眼睛这么大，我这么小；人家那是双眼皮，我是单眼皮；人家身高一百七十六，我身高才一百六；人家是大学毕业，我学历很低；人家先生赚钱赚这么多，我先生赚那么少……比来比去，你说还有谁有信心？都是生活在别人的眼光当中。

人一没有信心，遇到什么事情，就很容易气馁，很容易退缩。所以任何人都不可能打败我们，只有我们自己会打败自己，消极，没信心，不知道耗了我们多少时间跟精力。你假如有信心，"好，做！"哪有时间去胡思乱想，否定自己？

我现在说起来挺轻松的，其实我以前也很没信心，常常还要去问同学："你觉得我这个人怎么样？"同学看看我，说："你是要听真话还是假话？"还有同学拿那个心理测验给我做，做完成绩出来，得五十分，说你的个性很像老虎；得七十分，你的个性很像无尾熊；还有像孔雀、大犀鸟的。做完测验，拿着这个结果还很高兴地跑去跟朋友讲。大家由此思考一下，人没有学祖宗圣贤的经典，会活成什么样子？没有一个效法的对象，可能活得跟畜生一样，还高高兴兴的。所以经典是开慧眼，不然人类真的是愈活愈倒退。

我比较幸运，我是读了经以后才去师范学院读书，哪一些恰不恰当，我能判断。假如是高中毕业来读大学的，就不一定能判断了。现在都是一些新的理论，结果我一看，吓坏了。那些理论怎么来的？拿狗做实验，拿猫做实验，拿老鼠做实验。把结果写成理论，拿来教谁？人。请问大家，会教成什么？教成狗，是吧？教成狗不错了，你是拿狗的目标来教，一不小心，就狗都不如了嘛；你拿圣人的标准教，他最起码还像个贤人或君子。

所以现在的孩子不孝父母，行为叛逆，问题在哪？你拿狗跟猫的实验结果教他嘛，又没有拿《论语》、《孟子》、《大学》、《中庸》，那怪不得孩子。《三字经》讲，"三才者，天地人"，要学着成就德行，就像天地一样地无私、奉献。"大学之道"，就是修身、齐家、治国、平天下。所以以前读书人都是想着怎么样利益天下，学起来心胸、格局都不一样。我们现在一学，我要多少分，愈学心胸愈小。所以，我们在学校教书，一定要让孩子明白，这个"学"，是要学做圣贤，学做"三才"，学得可以修身、齐家、治国、平天下。

《三字经》也告诉我们，"苟不教，性乃迁"。我们没有接受圣贤的教诲，染上了习气，染上了很多的欲望，慢慢德行就开始退了。曾经我们问大学生，你是大学的时候德行好，还是小学的时候德行好？他们说小学。"学"，应该是愈学愈有德行，怎么愈学愈后退了？孔子是榜样，"吾十有五而志于学，三十而立，四十而不惑，五十而知天命，六十而耳顺，七十而从心所欲，不逾矩。"这才学对了。二十出头的年轻人，还有十几岁的初中生，他们假如用孔夫子一生的智慧给自己好好扎根，那不得了，站在巨人的肩膀上，看得更远。

讲到这里，大家有没有想，哎哟，我都五十了，都六十了。你看，自卑的心、消极的念头常常会冒出来。所以这个"学"，从哪里下手？从起心动念，从根本修，时时保持正念，保持积极。我六十了，好啊，有开始都不会太晚。《三字经》讲的，"若梁灏，八十二"，他八十二岁才考上进士。"对大廷，魁多士"，一个八十二岁的长者站在朝廷当中，人家对他肃然起敬，他树立了榜样，百折不挠。天下无难事，只怕有心人。

我们在广州曾经组办了一次传统文化的基础课程，四十五天。有一对贤伉俪都七十几岁了，是一家企业的创始人，企业经营得非常好，员工有六千多人。两个老人坐在第一排，四十五天目不转睛地听课。后面的学员看到他们两个的背影，都不敢打瞌睡，都觉得惭愧、汗颜。老人还跟大家一起扫地、洗碗，都是冲在前面，不落人后，教化了所有晚辈。所以现在这种传统文化班，都是三代同堂，老中青一起学。老者带动所有的晚辈，年轻人学也很好，刺激我们这些中年人。所以确确实实，有开始都不会晚，只要真正下决心，用心，自己会有成就，也会启发很多晚辈跟有缘的人。

《三字经》告诉我们，"苟不教，性乃迁"，学习最重要的是去掉习性。俗话讲"拨云见日"，"日"就好比我们每一个人的本善、明德，但被一些陋习给障碍住了。很多人觉得，学得愈多愈好。《弟子规》告诉我们，"不力行，但学文，长浮华，成何人"，愈学愈傲慢，好为人师，就不得学习的利益了。

学习是放下的过程。比如，要学仁慈，一个人自私自利放不下，他能仁慈吗？所以放下自私自利，仁慈心自然就生起来了。放下虚伪，真诚心就现前了。放下傲慢，平等心现前了。放下染着，清净心现前。一个人欲望很多，贪求一大堆，每天都困在这些欲望里面，怎么可能会有智慧？欲令智迷，利令智昏。一个人一直在追求欲望，就好像吸白粉一样，只要是满足欲望了，精神百倍；没有办法满足，精神就快不行了。

《大学》也告诉我们，"古之欲明明德于天下者，先治其国；欲治其国者，先齐其家"，这一段话是让我们了解什么是本，什么是末。齐家是治国的本啊，自己的家庭都乱七八糟了，怎么去利益社会呢？"欲齐其家者，先修其身"，修身又是齐家的本。什么是修身的本？"诚意、正心"。一个人怎么诚意正心？要从"格物、致知"下手。

所以，经典一对照，学习的重点在哪？革除物欲、革除习气。把贪着的心、瞋恚的心收回来，变成"诚意正心"。所以孟子讲，"学问之道无他，求其放心而已矣。"我们的心都被这些外在的欲望迷惑了，现在收回来，找回我们的诚意正心，我们的本善。这是"学"，学经典。

我们再看学习的次序。第一个，首先要有信心，相信经典，相信自己。有朋友就讲，我很相信经典，但是不相信自己。这话好像不是很合逻辑。《大学》第一句话是什么？"大学之道，在明明德"，你说你相信"明明德"，不相信自己？《三字经》第一句话，"人之初，性本善"，你说你相信《三字经》，不相信自己？所以我们在学习当中，有一个态度非常重要——随顺圣贤教诲，不随顺自己的烦恼习气，不随顺自己的想法。本来就没有智慧，再顺着自己，不就是不进则退了嘛。

所以学习的次序是：信、解、行、证。"学"，就是相信圣贤人的教诲，进而去学习他们的教诲，深入经典。信、解，都在这个"学"字当中了。

接着，"**时习之**"。学习是学觉悟，是学齐家、治国、平天下。这是学习的目标。有了目标，我们要有一个路径才能走过去。"习"就是路径。效法经典，效法圣贤，学一句，做一句，叫"习"。

大家看"習"的繁体字，上面是个羽，下面是个白。小鸟学飞，首先得要拍拍翅膀，翅膀一张开，肚子就露出了白白的毛。学东西一定要实践才行。在哪里实践？在我们的生活、工作、处事待人接物之中。人有这样的学习态度，每学一句，就会思考：我在工作当中应该怎么用，我在生活、在处事的时候，应该怎么落实。他不会学是学，生活是生活，工作是工作，愈学愈执着，不会活用。

比方说，"居有常，业无变"。这一句话，在家庭中怎么落实？在工作中怎么落实？在处事待人接物当中，怎么落实？其实，人假如没有"常"，生活没有规律，乱七八糟的，他的心是定不下来的。心都定不下来，家业跟事业能好吗？不可能。一个人很有规律，心定下来了，他才有智慧，他才能从容去处理家庭、事业上的问题。

一个人要想健康，要不要"常"？现在有很多健身的方法，有些人可能懂两到三种，太极拳、八段锦，还有懂十几种的，可是身体还是不好。为什么？无"常"啊！健身也好，学问也好，要真得利益，一定要有恒心。包括父母给孩子做好榜样，做没两下，原形毕露，没有"常"，教不了。甚至于"置冠服，有定位"，这也是"常"。没有这些"常"，没有这些规矩，人随时随地都是慌张的，心是乱的，成不了气候。

我们晚上十点睡觉，早上四五点起床，"常"啊，孩子就养成好习惯了。这些好的生活习惯，不知道帮孩子省了多少医药费。生活没有"常"、没有规矩，吃再多营养品都没用。现在营养品可多了，但生活不正常，肠胃都不吸收，那叫浪费国家粮食。多运动，经络通畅，气血就好，吸收也会好。

所以学问重在力行，能力行一条，就得一条的利益。纵使读了一百本经典，都没有落实，毫无利益，而且还有害处，"长浮华，成何人"。有一个比喻，"真龙得一滴水，可以遍洒宇宙。"真龙是什么？德啊。一个人听到孔子讲，"夫子之道，忠恕而已矣"，从此以后，对自己忠，对别人忠，对一切人宽恕，体恤，如其心，设身处地，请问大家，这一句教诲对他的人生会有多大的利益？不只他的德行会一直上去，他身边的人都会被他感动。这叫"得一滴水"。这一句经句化成他的存心了，从此以后，都是忠恕待人，"遍洒宇宙"。用泥做的龙，终日泡水中，请问会怎么样？那就化掉了。它没有办法给世间降甘露，因为泥龙自身都难保。它被自己的习气都困住了，怎么去帮助别人？

再来，学习还有一个关键点，就是这个"时"字。我们实践了，请问能保持多久？学了，可是进进退退，还是很难提升自己的境界。所以《中庸》开头第一段就说道，"道也者，不可须臾离也。"我们的起心动念能够时时依教奉行，照圣贤的教诲去做，那不只能保持学问，还能提升学问。但是，假如不能够时时保持，"学如逆水行舟，不进则退。"我们学习的力量，能不能抵得过后退的力量？一个人在学，不代表在进步，只可能是退步得不严重。要想进步，得要加紧用功，要下决心。

我们思考一个问题，我们一天起多少个念头？比方说一天十万个念头，好的念头占多少？有没有一半？假如没有，我们虽然在跑步，还是在往后退，只是退得比较慢而已。以前退得快，现在退得慢。要时时保持正的念头超过不好的念头，慢慢到几乎没有不好的念头了，那学问快成就了。时时观照自己的心念，"不怕念起，只怕觉迟"。正念现前，邪念自然就污染不上。所以，"圣狂之分"就在这一念之间。

古圣先贤讲了一句话，"三日不读书，面目可憎。"学贵自知，我们有自知之明，才好学，不自欺。我们现在多久不读书面目可憎？书一放下，就面目可憎了。所以清楚我们自己的状况，那绝对要精进不懈怠。不要浪费时间，不要胡思乱想，一有空，马上经典拿出来读诵，愈读愈熟，烙在脑海里、心里，一遇到情况，马上可以提起正念。时时能提得起来，才能演得出来、做得出来，"为人演说"。

工作是不是学习？不能说读经才是学习，工作不是学习，那又变成执着了。打开经典才叫学习，跟人家讲话浪费时间，那你愈学愈孤僻，愈学愈清高，愈学愈傲慢。遇到人，遇到事情，就是在勘验我们学得怎么样，学的东西能不能用在处事待人接物当中。所以工作也是用功。生活，跟亲朋好友相处，统统是在用功，功夫才不会断。不然我们学习执着了，觉得一定要听经、读经才是学习，跟人家讲话，人在魂不在，那我们的真诚在哪里？当下很真诚地跟他谈，感觉到他的需要，赶紧把《论语》、《弟子规》介绍给他。多把经典介绍给人，得聪明智慧。愈学执着愈多，智慧开不了。所以这个"时"就是时时保持正念，时时保持在学习的状态。假如睡觉的时候也在读经，恭喜你，你的状态不错，这是学问得力的表现。

《中庸》里面很强调一个态度：慎独。"君子戒慎乎其所不睹，恐惧乎其所不闻。莫见乎隐，莫显乎微，故君子慎其独也。"为什么一个人在独处的时候，很容易看到自己的问题？因为都没有人看到嘛，就开始松懈了，习性全出来了。所以慎独才是真功夫。都没有人看到我们，我们还是完全依照经典做。假如有人在的时候是一个样子，没人在是另外一个样子，那就愈学愈虚伪了，就变伪君子了。所以学习也有误区，学到最后，都学个样子给人家看，那就不妥当了。

所以《论语》讲"在邦必闻，在家必闻。"学生问孔子，读书人怎么样可以称得上是"达"呢？结果孔子反问学生，你觉得什么叫"达"？学生回答说，在这个国度当中，人家都知道他；在家乡，人家都知道他。孔子说，这不叫"达"，这叫有名气，叫"闻"。学生接着问，那什么才叫"达"？夫子说："质直而好义，察言而观色，虑以下人。""质直"，就是本质非常地正直、诚恳，而且处世时时都是道义的存心，"质直而好义"。"义"，五伦十义，他一定会尽他的本分，有情义、有恩义、有道义。"察言而观色"，通达人情，才懂得怎么去安慰人、引导人。假如不通达人情，哪怕他懂很多，都跟人家格格不入。"虑以下人"，非常地谦虚恭敬。

接着夫子讲道，"色取仁而行违"，"色"就是外表，很刻意地表现出自己是仁慈之人，其实私底下的行为是跟仁慈相违背的。比方说，今天一个人在做公益事业，在做弘扬传统文化的事业，一接到电话，非常客气，对人非常亲切，有问必答，有什么需要，他尽心尽力去帮忙；电话一放下，跟同仁吵架。你说他在道中吗？演给别人看的都很好，关起门来，不能看。

恕道是夫子处世重要的指导啊。我们想一想，一个人跟朋友亲得不得了，兄弟姐妹他理都不理，你说兄弟姐妹受不受得了？人同此心，心同此理嘛。一个家庭是这样，推而广之，在一个单位里面，你对外面的人那么好，对里面的人这么不好，谁受得了？可是麻烦在哪里？他还不承认，"我挺好的，你看我多热心。"我们学得怎么样，不要问外人，不准；问谁？当局者迷，旁观者清，问最近的人。有结婚的，问另一半最准。学了之后，人家有没有愈来愈欢喜？愈学人家愈不认同，那就有问题了。时时保持，所以我们在一切时，对一切人，都要是一样的态度。《大学》讲，"诚于中，形于外。"

这节课就先讲到这里，谢谢大家！

第五讲

我们接着来学习《论语》里面的论学习的经句。大家有没有注意这几天的新闻？很多地方气温都超过四十度，天气异常。我们读经的都很清楚，人心才是天灾的根源所在，人心转了，天灾就能够化小、化无。而人心的转变要靠教化，教化得靠圣贤的教诲。

哪一个地方最能把中华文化弘传到全世界呢？大家有这样的基础，有文化的熏陶，又有语言的便利，有了还不做叫什么？叫见死不救。对于世界的安危，当下我们就可以尽一分力。从哪里做起？"时习之"，时时保持善念、正念，对世界是大贡献。江本胜博士的水实验也证明了，人有善念，水结晶就非常漂亮；有恶念，水结晶就很丑陋。

不只用水做实验，还有用麦子的。种子还没种下去，给它一些善的言语、意念，结果种出来的麦子比其他长25%。还有一次是在战场，聚集了一堆人发出和平的念头，结果没多久，两军就停战，签和平协议了。所以一个人的善念都有很大的力量，更何况是一群人，一国的人？一国的人都是善心、善念、善行，全世界的人都要效法学习了。

"人饥己饥，人溺己溺。"有机缘了，赶紧把古圣先贤的教诲介绍给他人，弘传开来。而这个介绍最好的就是自己做好榜样，言行一致，行为时时保持跟经典相应，人家一看就生欢喜，如沐春风。人前一个样，人后一个样，人家就不能认同了。坦白讲，真正的明眼人，一看就知道我们是装的，为什么？眼睛不真诚。孟子讲，"听其言也，观其眸子，人焉廋（sōu）哉"，藏不了的。你是应付的，还是"诚于中，形于外"，看得出来。

"慎独"再延伸，我们是用真诚的心在学，还是应付的心？比方说领导在或不在都一样，这就是真的了。我们对领导恭敬，对下属也要恭敬。对领导好得不得了，对下属凶得不得了，这叫什么？对上叫谄媚，对下叫虐待，那怎么修道啊？你对领导恭敬，那都是假的。我曾经跟一个人谈话，他对我挺客气的。讲完了，他一回头，刚好他一个下属过来了，他劈里啪啦就骂他一顿，把我给吓坏了。像变脸一样，快到那种程度。我人还站在那里，你看他功夫高不高？发起脾气来，如入无人之境。然后更夸张的是什么？骂完以后回来又是一张笑脸，"蔡老师，我们接着说。"

圣贤人不是这样教我们的，《礼记·曲礼》曰："毋不敬。""毋不敬"用意很深，不只对一切人恭敬，对一切事、物都要恭敬。为什么？你对人恭敬，对事、物不恭敬，那学问就没了，道德就没了。有学问的人，应该是处处都保持这颗恭敬心才对。"学问之道无他，求其放心而已矣。""道也者，不可须臾离也，可离，非道也。"恭敬心有时候用一下，有时候藏起来，那就不是在修道了，一切皆恭敬才对。所以，上班下班都是一个样，台上台下一个样。假如台上台下不是一个样，不要说弘扬传统文化了，那是给古圣先贤脸上抹黑，不只无功，过很大了。所以我们弘扬传统文化的人，要"战战兢兢，如临深渊，如履薄冰"。

所以，"学而时习之，不亦说乎"，这个"学"，就是信、解。"时习"，实践了，时时保持了，这就是行。力行以后，境界提升了，这就是证。然后契入哪个境界？"说乎"，充满喜悦。这种味道就连睡觉都会笑醒，为什么？丢掉烦恼牵挂了，常生欢喜心。

我打一个比喻大家就知道了。刚出生的孩子，动不动就露出微笑。一两岁的孩子平均一天笑一百七十次，成年人平均一天笑七次。你看孩子没有欲望，没有习气，他很容易就微笑了，看到妈妈那种笑容真是灿烂，知足，无欲。

我们习染太多了，放下愈多，身心就愈愉快。所以这个"说"，得要自己亲身去感受，去体会，"如人饮水，冷暖自知"。孔子讲："发愤忘食，乐以忘忧，不知老之将至云尔！"孔子读书，都忘了自己多少岁了。有乐趣了，手不释卷，欢喜。像我们以前念中学的时候读《论语》，"一箪食，一瓢饮，在陋巷，人不堪其忧，回也不改其乐。"我念的时候心里面都说，真的吗？那个时候感觉不到，因为那个时候的状态是在追求，人生的目标是享乐，根本不可能体会到深入经典的乐趣。

现在我们常常读经典，常常听师长讲经，很多道理一明白，习气一放下，心上那块石头就好像"咚"掉下来了，舒不舒服？道理搞明白，理得心安。比方我们念《弟子规》，这也是孔子的教诲，"见人善，即思齐，纵去远，以渐跻"，一个人每天效法别人，非常积极地进取，很有朝气，"见人恶，即内省，有则改，无加警"，善人、恶人都是我们的好老师，我们每天都从接触的人、事、物当中提升自己的境界，所以常常都很欢喜。

"学而时习之"，是成就了自己的道德学问。接下来，**"有朋自远方来，不亦乐乎？"**自己真的有学问，就可以跟人家切磋，可以利益他人，可以觉悟他人。真正有修养的人，慈悲、仁爱，别人能得利，他比别人更高兴；别人能闻圣贤教诲，他比别人更高兴。所以能跟人切磋，能跟人介绍经典，他快乐、高兴。那就是仁爱之心了。

那我们要来勘验一下。我们学习中华传统文化可能有几年了，一开始接受圣贤教诲的时候，别人假如有兴趣，哪怕已经十一二点，我们都以最快的速度，高高兴兴地把经典送给他。他能得利益，太好了，他的孩子能教得好，我们比他更高兴。可是过了三年五年了，我们这一份热情还有没有保持？"你那里有没有《弟子规》？""有啊，以后拿给你。"这种人家高兴，我们比他更高兴的心态退了，那就愈学愈油条，愈学愈麻木哦。

所以有一句话叫"发心容易，恒心难"，一开始接触的时候非常勇猛，巴不得每个人都好，学着学着没有依教奉行，烦恼伏不住了，烦恼做主，就只想自己不想别人了。所以真正心胸宽阔了，要掌握每一个机会给人家介绍经典，让他开智慧，利益他的家庭、后代。

所以修道修这一颗心，看真诚心有没有提升，利人的心有没有提升，谦卑的心、恭敬的心有没有提升。提升了，我们才有进步。假如不耐烦了，有情绪了，哪怕我们学十年二十年，实质上还是退步了。所以一个人修学，首先一定要打破第一关——不自欺。到底我是在进步，还是在退步，不能欺骗自己，时时守好这一颗心，"时习之"。而且修身以慈悲、仁爱为本，不断扩宽自己的心量，"赶紧去掉习气，让我的学生早一点得利，让我的孩子早一点得利"，那就有动力去对治自己的习气。

下一句，"**人不知而不愠，不亦君子乎？**"我们刚刚提到，求学问是成就自己，不是装样子给人家看。所以我们今天有道德学问，人家不能理解，我们也不贪求，也不难过。会难过，就是虚荣心作祟了，患得患失的心作祟了，那怎么会有道德学问呢？所以你有学问，一心一意为人家好，人家还误解你，你都不放在心上，不难过，这是功夫，君子风范。

事实上，君子是安住在当下的。《中庸》讲："素富贵，行乎富贵；素贫贱，行乎贫贱；素夷狄，行乎夷狄；素患难，行乎患难。"他随时都保持平和仁慈的状态，绝对不会去挑。这个人我不顺眼，这件事我不喜欢，怨天尤人，都不是君子。所以素媳妇，行乎媳妇；素员工，行乎员工；素丈母娘，行乎丈母娘。扮演每一个角色都尽心尽力，不逃避，不退缩，不抱怨，这才能"人不知而不愠"。

我们很容易把责任推给他人，推给境界。"哎呀，你看我这么有智慧，这么有能力，就是某个人嫉妒我，让我没办法发挥。"有没有道理？"都谁障碍我，才让我没发挥。""都是这个领导没眼光，没有重用我。"听起来好像很有道理，事实上没道理。为什么？任何人都不可能障碍我们。该是你的福报，谁能抢得走？福田心耕，一个人有福气，是修来的，别人哪能障碍得了。

有一个真实的故事。印度有一个国王跟他女儿讲："女儿，你今天这么富贵，你知不知道原因是什么？"女儿读了些经典，就跟父亲讲："父亲，感谢您的照顾，而人的福报也跟他的修行有关，心胸好、善良，能修到很多福。"父亲听了不怎么高兴，心想："好，那你修修看吧，你别当公主了！我找个乞丐，让你嫁给他，看你还有没有福！"国王真的到大街上找个乞丐，让女儿嫁给了他。女儿心里很平静，就跟着这个乞丐走了。这个乞丐家以前是望族，后来沦落了。乞丐带着这个公主去以前家族的旧址，但都已经是一片废墟了。突然那面残破的墙倒下来，墙里面藏了一些黄金、珠宝，结果他们就富贵了。

所以告诉大家，福报是修来的，谁也抢不走。今天你有福了，不管你做哪一个行业，你都有钱，这是明理。不明理了，"哎呀，我以后会不会有钱？我儿子以后会不会有钱？"每天烦恼不断。"有一少一，思欲齐等。适小具有，又忧非常。"有一点了，又想要更多。不知足，绝对没有平静的日子过。再来，智慧，谁能把我们的智慧拿走？甚至于遇到愈困难的境界，愈恶劣的人，他愈懂得历事炼心，他的学问成就愈高。"难行能行，难忍能忍"，他更早成圣人，谁障碍得了？

我们看大舜，他的家庭，谁能比他更恶劣？他真诚面对，德行成就了，福报现前了，从平民变成天子。不只变成天子，后代子孙现在都还很兴旺，还在跟我们一起学习中华传统文化。你没有福报经典遇不上，遇到经典，思想改了，自己的命跟后代的命都转了，"经书不可不读"就是这个道理。

所以，我们绝不能怨天尤人。你看孔子，一辈子没有一个国家用他，请问，这有没有影响孔子利益世世代代的子孙？没有。没有官做，孔子认真教学，后代都得利了。所以安住当下，提升自己，尽心尽力，能够利益他人、利益后代，任何人挡不了。往往我们很想去做一件事，为什么不能做成？那是在提醒我们，我们的学问、德行、能力还不够，这个时候我们要沉下来好好提升，指责这个人指责那个人，更提升不了。

"天将降大任于斯人也"，都没"苦其心志，劳其筋骨，饿其体肤"，习性都没有去掉，然后就上岗了，然后就去发脾气了，那叫添乱，"成事不足，败事有余"。都没有通过考试，怎么去服务大众？所以《论语》强调，"不患无位，患所以立"，不怕没有位置服务他人，就怕自己真有这个机会了，没有德行、能力去做好。"居易以俟命"，当下提升自己的道德跟能力，等待天命的安排。所以真明白这些道理，就没有抱怨，没有恐惧，没有牵挂。我们接着看第二句：

子曰：弟子入则孝，出则悌，谨而信，泛爱众，而亲仁，行有余力，则以学文。（《论语·学而》）

这一句讲出了学习的根本在孝悌，"孝悌也者，其为仁之本与。""尧舜之道，孝悌而已矣。"

"子曰：弟子则入孝"，这里提到"弟子"，范围就很广了，所有学习古圣先贤教诲的都是弟子。在家里，我们是父母的弟子；在学校，我们是老师的弟子；在团体、企业里面，我们移孝作忠，"君子之事亲孝，故忠可移于君"，在古代皇帝叫君父。今天我们在一个单位，对领导不能尽忠，铁定孝道有亏。真的，我们处事待人接物，只要出现对立、摩擦、冲突，保证我们孝道有亏，孝悌没做好。一个人真正孝顺父母、友爱兄弟，他的心是平和的，有太和之气。今天某种情境下跟他人闹情绪了，是不是在家里同样情境也会跟家人闹情绪？求学问跟治病一样，我们得把病根找到才好对症下药。

假如把"弟子"当孩子看，我们就要很注意了。《易经》讲，"蒙以养正，圣功也。"所以当老师，幼儿园老师的功德最大，因为他教的那个时期最关键。大学老师也不错，但时节点就没有幼儿园这么好了。我们要从对社会长远的影响去看。少成若天性，习惯成自然。三岁看八十，七岁看终身，孩子的教育非常重要。

"孝悌"打下了德行的基础。事实上人这一生，与他人的相处，都是从家庭的伦常"孝悌"，自然扩散到整个社会的。在家是父母、兄弟姐妹；到学校，师长、师兄、师弟、师姐、师妹，还是伦理；毕业了，到各行各业去，比方说做医生，拜师学艺，也是师长。各个行业真正要学到本事，得手把手教。请问大家，哪一个成功的企业家是看书看出来的？往往都是他在事业当中遇到某一个让他佩服的人，然后跟着他学习，得到太多的启发。内行看门道，得要有这些过来人点出来，我们就开窍了。

我很幸运在我还没有到小学去教书以前，得到了老师的指点。我一个同学交了个女朋友，我们在一起聊天，她讲着讲着就很自然地说，我们老师说做人要怎么怎么样。她假如是小学二年级，我觉得很正常。一个二十几岁的人，都要当老师的人，口口声声都是"我们老师说"，我就很好奇，"请问您指的是您什么时候的老师？"她说小学。我很惊讶，一个小学老师对他的学生影响这么大！我就想，能遇到这样的老师，向他学习多好！我就一下子脱口而出："那我可不可以见见你们老师？"她也很欢喜："好，我问一下我们老师。"

当天晚上，我就觉得有点太冒昧了。人家老师是长辈，教书教三十几年，也一定很忙，我这么要求会不会给人家添麻烦？我就打了个电话，"等你们老师方便再说吧，不用这么急。"我话还没说完，她说："我跟我们老师讲了，已经约好哪天跟你见面。"结果多巧，她老师跟我家离五百公尺。

所以，人生的缘分不是外在决定的，是自己的心。假如我没有生起教育的使命感，可能这一位陈老师一辈子都遇不上。所以人与人，距离不在外面，在哪？心。心相契了，天涯也咫尺；心不相契，咫尺也天涯。所以真的心不相契，住在隔壁都不认识；真正心相契了，千里都来相会。所以有人说，"哎呀，我这一生都没遇到贵人。"反求诸己啊。我们现在的心念、对人生价值的追求，值不值得这些贵人、有德的人来相助？

我才起个念头，都还没真正去做，你看老天爷多慈悲，你有善心，赶紧就给你鼓励、支持，让这样的好老师来带我们。所以我印象很深，第一次见面，陈老师第一句话是："这三十几年来，我的学生教我很多东西。"教学相长！接着她又说："孩子犯错，就是我们教他最好的时候。"这些观念，一个人教书之前就建立了，他去带班，一看到孩子犯错，他会怎么样？"哎哟，机会来了，教他的机会来了。"他会欢喜平静地去面对这些情况。假如没有这种心理建设，一看到学生犯错，"又来给我找麻烦了。"一个老师用这样的心态去处理学生的状况，一定是气急败坏的，就跟这些孩子都结怨了。先入为主很重要。

这位陈老师，后来我还介绍很多同学去跟她学习。跟她学习的时候，从第一节课看到最后一节课，这才是真功夫。一个老师准备两个月，你看他四十分钟，看完，学到什么？学要学真实的东西，平常是怎么样啊。我们假如都去看那个准备两个月，一大堆道具才演出来的课，我们会愈看愈受挫折。为什么？"要教成这样，我簿子都改不完。"从第一节看到最后一节，最后所有人统统围过来，今天哪一句话、哪个情境有感悟，或者有问题马上问，交流。假如能跟这样的老师学习，会有很多感悟。

所以真的，其实人真想学，真有使命，很多好的缘都会渐渐出来。为什么？这些有经验、有道德的人，是以民族、世界、天下为重，不会吝啬的。我们这颗心真发出来，这些缘慢慢就接上了。

接着，"谨而信"。在经典当中有提到"庸言之信，庸行之谨"，意思是日常言论要讲究诚信，日常行为要讲究谨慎。古人求学问都是在平常的一言一行当中下功夫，不是说见到很有权力的人才表现得很好。"谨"，强调的是行为；"信"，强调的是言语。言语行为都懂得谨慎，那道德容易提升，跟人相处和谐，进而把事办好，利益团体社会。一个人不讲信用，言语都不谨慎，那就不能在人群中立足，会给人家添麻烦。所以我们一定要让孩子把谨、信的态度扎根，"自古皆有死，民无信不立。"至于怎么落实，《弟子规》从生活的细节来提醒、勉励我们，甚至约束我们，让我们能循规蹈矩。

"泛爱众"。人是群居动物，所以对家人、对团体要懂得去爱护，要有平等的心、包容的心，心量要大。心量不大，到哪都跟人家不愉快。"必有容，德乃大；必有忍，事乃济"，有容乃大，而且人要忍得住脾气、习性，才能把事情做好，不然就添乱子了。现在团体里面做事，困难不在外面，里面的人冲突、内耗，每天要安慰这个人安慰那个人，最累了。家人、同仁，团结在一起，不闹情绪，见和同解，三五个人力量都大得不得了。"二人同心，其利断金。"

"泛爱众"也是推己及人，"老吾老以及人之老，幼吾幼以及人之幼"。

我们在马来西亚推展《弟子规》，也让很多马来西亚的同胞来一起学习，这也是我们华人的风范，希望这些教诲能利益到不同的种族、宗教。我曾经接触了马来西亚的一位校长，他说，"我们《古兰经》强调孝道，而这个《弟子规》，中华文化经典，讲孝讲得很仔细，很系统，所以我们应该学。"中华文化能协助提升其他民族的文化，这是我们传统文化的可贵，中华文化博大精深。

大家看，佛教起源于印度，传到东土，传到神州大地，不只我们学得好，还把它发扬光大，比在印度的时候还殊胜。所以我们愈增广见闻，愈能体会到文化的价值。

"**而亲仁**"。常常能亲近仁德之人来勉励自己、提升自己。我们常常跟大家共勉，"德比于上则知耻"，常常"神交古人"，以孔孟圣贤为榜样；当前哪一些人我们特别佩服，常常效法，跟他切磋。这种"亲仁"的心达到至诚，就感通了。所以孟子跟孔子学习，孔子已经不在了，但经典在，看到经典就像看到孔老夫子一样，所以，孟子学得最好，"亚圣"。所以我们学不好，没有任何借口，是吧？孟子都演出来了，我们要有羞耻心，人家做得到，我们也做得到。

"**行有余力，则以学文**"。"行"，是强调前面五桩事情的重要性，而五桩事情其实不离德行。所以这里彰显的是"德者，本也"，才能、才艺是为德所用。"余力"，好好落实这五桩事情，之后还有时间，再"学文"。这是彰显什么？先后次第，孰轻孰重，最基础最重要的，一定是先落实德行。而且这个"文"是指千古文章，"文以贯道"。

所以这一句其实就是提醒我们在学习的过程当中，要求学问的根本，"本立而道生"。很多的人研究传统文化研究了一辈子，连太太都常跟他闹情绪，都不服他，那可能就没有在"本"上下功夫。真下功夫了，正己一定可以化人，一定可以像经典当中说的，"身修而后家齐，家齐而后国治"，"而后"就是自然发展的轨迹。人能真正从"本"下手，根本掌握好了，施肥灌溉了，自然就可以茁壮，这一生的价值也会随之不断地提升、扩展。

接下来我们看下一句：

> 子夏曰：贤贤易色，事父母能竭其力，事君能致其身，与朋友交言而有信，虽曰未学，吾必谓之学矣。(《论语·学而》)

这一段其实也彰显了德行是本，也点出了学习的重要内容就是伦理道德。这一段话提到了五伦的四伦，我们来看一下。"**贤贤易色**"，第一个"贤"是动词，"贤贤"，就是崇敬追慕圣贤的学问，常常跟他学习。"易色"，就是崇尚道德的那一份心胜过好色。说实在的，一个人真的"贤贤"了，他对于欲望的追求自然就淡了。一个人很重视精神层面的提升，物质需要、欲望不用刻意，慢慢就淡下来了。为什么？因为一个人尝到"不亦说乎"的时候，他就觉得世间那些欲望没味道，不能比。而且世间的欲望有副作用，尝完之后，乐没了，苦就来了。吃完了还想吃，下礼拜才能吃，常常流口水，那到底苦的时间多还是乐的时间多？所以这些看明白了，知道提升自己灵性的那种快乐不是世间的享受能比的。

所以孔子曾经感叹："已矣乎！吾未见好德如好色者也。"人重色，就轻德。没有德，夫妻相处不好，家庭怎么延续呢？娶一个好太太旺三代，娶一个不好的太太呢？一败涂地。所以以前为什么对婚姻这么重视？门当户对，最重要的是看德，看对方的价值观。

一个人假如不好色，重德，他的福报就要来了。我们跟一些年轻人强调德重要，讲了两个小时，他们听完了说："嗯，德很重要，不过漂亮也很重要。"所以，转变不容易。不过说实在的，无德而有色，看不了多久，就开始破口大骂了，两个人就受不了了。我听说现在有早上结婚，下午就要离婚的，大家去了解看看，这样的夫妻铁定都长得不错。好看撑多久？所以人要愈看愈舒服。真的，人有德，是愈看愈漂亮愈庄严。有老人家六七十岁，穿着很端庄的衣服，我们一看，心里非常舒服。

为什么把"贤贤易色"摆在前面？这代表夫妇重德，家道就可以立起来了。《中庸》里面讲道："君子之道，造端乎夫妇。"君子就是学伦常大道啊。而五伦中，有夫妇而后有父子，而后有兄弟，而后有君臣（从父子关系延伸出去是君臣关系），而后有朋友（从兄弟关系延伸出去是朋友关系）。

"贤贤易色"是提醒我们男士重德，不过在现在这个时代，也是提醒我们女士。我从机场出来，有时候会碰到一群女孩子尖叫："啊！啊！"一看，某个歌星来了，她们觉得长得很帅。我前一阵子听到一个新闻，非常震惊。有女士专门喜欢交外国人，长得很高大，开着高级车。结果后来发现是骗子，她们的钱被骗了，甚至有一个大着肚子，还不知道她被骗了。你看，重色，毁了自己一生。所以这个年头，男女都要戒色，色字头上一把刀。

接着，夫妻要落实孝道，**"事父母能竭其力"**，孝顺为齐家之本。**"事君能致其身"**。人生以服务为目的，我们在单位里面要很好地辅助领导、主管，让我们的团队发挥对社会的作用。如果是公务员，还要对人民尽力尽忠，这是公务员的本分。我们领的是公家的俸禄，要对得起所有的纳税人，当好国家跟老百姓的桥梁，让他们觉得，哎呀，国家有希望了！人民跟我们一接触，啊，国家没救了！你看糟糕不糟糕！

"与朋友交言而有信"。"信"不只是信用，还包括信实，从我们的言行当中，人家觉得我们很实在，觉得我们很可以信任，跟我们相处不恐惧、不担忧。假如我们言而无信，人家跟我们讲一句话还要担心半天，"哎哟，他嘴巴挺大的，会不会又出去到处宣传？"交朋友要守住朋友的道义，"不言家丑"，不可以言朋友家的丑事。朋友把一些秘密告诉我们，是信任我们，我们绝对不能把这个事情又让其他的人知道，那就有愧于朋友对我们这么高度的信任。

"虽曰未学，吾必谓之学矣"，虽然他说他没有学习过，我们也觉得他一定有学，因为"人不学，不知道"，"人不学，不知义"。今天你说一个博士没有学问，他同不同意？他找你理论，"我读书读了二十年，你说我没有学问？"真有学问的，都说"我没怎么读书，我没有文化"，这样的人真懂伦理；学历很高，走路的时候头都是仰得高高的，他真不懂。伦常大道的学习，有赖于家道的承传、家族的影响。我们的爷爷奶奶那一辈不识字，这些道理比我们清楚太多了，都做给我们看。你说是他们有学问还是我们有学问？这个"未学"事实上就是父母长辈的身教，让他学会了。

下一句讲道：

> 子曰：君子不重则不威，学则不固，主忠信，无友不如己者，过则勿惮改。（《论语·学而》）

"子曰：君子不重则不威，学则不固"，"不重"，就是不庄重、随便。一个人要稳重、有定力，他才有智慧。所以我们要先让孩子学稳重。现在的社会太浮躁了，孩子都是慌慌张张的，走起路来没个样子，在飞机场开玩笑，在那里翻跟斗、打闹。不注重威仪，不可能成为栋梁之材。一个人不稳重，轻浮，习气都伏不住，"格物"就不可能，人家也不可能信任他。

现在有个说法叫"要跟人家打成一片"，还有当老师的跟学生勾肩搭背。所以现在很多所谓新的潮流、思想，大家要冷静，把不变的做人的原理原则掌握了，才懂得在这个社会当中怎么样去活学活用。假如连根本都不知道，人家怎么说就怎么做，学得乱七八糟。所以一个人要创新，首先要把不变的做人做事的原理原则承传了，这样才能利人利己！假如创新违背了"仁义礼智信"，那叫祸国殃民。比方说"仁"，仁慈的人会不会去设计杀人游戏？所以现在人普遍忽略了"德"跟"根"在哪里，都在强调启发孩子的创造力。大家注意去看，这样培育的孩子是不是浮躁得不得了，稳都稳不下来？一个人假如真正有孝心跟爱心，他随时都有创造力。当妈妈生病了，他一个人张罗东张罗西，很多事情根本没教过他，他都做出来了。他的创造力从哪里来？就是从这个本善的心流露出来的。

大家看，林则徐先生是几百年前的人，他做的坎儿井，现在还利益多少新疆人！创造出来的东西能利益几百年、几千年，都是从爱心出来的。大家去福建看，蔡襄先生建了一座桥，到现在最起码都八百年了，桥还在！你看那个设计多用心。一个人能建造这样的桥，他在设计的时候会没想到后人吗？现在那个路、桥啊，三年就要维修了，甚至于三个月以后就出状况了。所以，有价值的东西一定是从爱心、德行来的。

"重"，重言语，重行为，重自己的容貌、威仪，重自己的爱好，言、行、貌、好。"重言"，他讲话就不会口无择言，讲话都符合礼法。"重行"，他一切行为都非常慎重。"重貌"，他不会随便乱笑，打起哈欠来，不会河马张口，他会把口捂住。"重好"，这个人的嗜好是学习中华传统文化，跟嗜好赌博，那就差很多了。"好重则有欢"，人家觉得你这个人很值得学习，很值得跟你交朋友。

所以这一句话"君子不重则不威，学则不固"，就是指一个人学习，首先要把浮躁、轻浮的毛病去掉，要稳重，不急躁。那怎么样治这个病？**"主忠信"**。时时对人尽忠、对事尽忠，言而有信。人有这种忠信的存心，做事非常谨慎、战战兢兢，就可以对治这个毛病。用忠信来对治习气，又能够提升自己，交良师益友，**"无友不如己者"**。更重要的还有**"过则勿惮改"**。去掉过失，去掉习性，就能成就自己的道德。

"重"还有一层意思，是看重自己，"我这一生要成圣成贤"，威仪就出来了，"勿自暴，勿自弃，圣与贤，可驯致"，就时时能提得起来。

好，这一节课就跟大家交流到这里，谢谢大家！

代代出圣贤的教育智慧

第六讲

诸位学长，大家好！

今天我们一起来学习《礼记·学记》。我曾经从事小学教育，是一个教育工作者。当然，不只是从事教育工作的人应该学习这一篇文章，一个家庭，父母就是孩子第一任老师，所以为人父母者，都应该学习如何教育孩子，不然往往是孩子生了以后，手忙脚乱。《中庸》讲，"凡事豫则立，不预则废"，做任何事情，扮演任何角色，尽什么本分，都应该做好准备。所以，这一篇文章很值得为人师者、为人父母者好好地来学习、深入。

这个时代，知识爆炸，理论学说非常多，到底什么才是正确的？假如理论不正确，我们拿来教我们的孩子，教我们的学生，那他们就变成试验品了。试验对了还好，试验错了，孩子的思想观念偏颇，误导一生。所以教育得慎重，因为人生没有重来一次的机会。

谈到教育，中华民族有五千年教育的智慧、经验、方法，代代都出圣贤。但是近代，我们失去了民族自信心，觉得外国的月亮比较圆，把五千年的智慧忽略了，甚至舍弃了，学了很多西方的教育理论。我们不是说西方的不好，西方的教育理论也有好的地方。但是，这些理论有的只有几十年，没有经过时间、空间的考验，还不能证明这些理论是否正确。

我们想一想，摆在全世界各个国家、民族面前最严重的问题之一，就是青少年的道德问题。假如这些理论都是正确的，怎么会呈现这么严重的问题呢？而且这个问题愈来愈严重。我那个时候在小学教书，感觉不是一代不如一代了，是一届不如一届，一年不如一年，真的不忍心看着这个情况继续下去。后来我很幸运，接触了师长的教诲、老祖宗经典的教育，才知道教育很重要的，应该从德行扎根，重视伦理、道德、因果教育。教育得要抓到根本。

《礼记·学记》是很精辟的教育哲学，讲得非常完整。西方很多正确的理论，其实老祖宗几千年前就讲了，可是我们的祖先没有说，"这是我发明的，这是我的理论。"老祖宗知道，真理，是古圣先贤承传下来的，不是哪一个人发明的。确确实实，世间好话、真理，圣贤人都说尽了。所以人假如懂得这个道理，有这个虚心，他的工作，他的人生，就可以站在五千年的智慧上去经营了。

我们教育工作者，假如没有这些宝贵的智慧跟经验，面对学生都没有正确的思想观念，那学生就变成我们的试验品了。所以一个教育工作者，假如有使命感，会希望自己的智慧、思想观念能够不断提升，早一点提升。因为我们早一点有智慧了，学生就早一点得到正确的引导，得到大利益。所以一个教学者，他的学习、提升，是不用人催促的，因为他有使命，有爱心，那是他的动力。孔老夫子是至圣先师，是教学者最好的楷模、表率，夫子是"学而不厌"，他才有智慧，有智慧了才能利益人，"诲人不倦"，他有大慈大悲。

所以，我们重新来深入老祖宗的智慧，重拾民族的自信心。这篇文章深入之后，很多家庭、社会种种的问题，都能得到很好的解决。

发虑宪，求善良，足以謏（xiǎo）闻，不足以动众。就贤体远，足以动众，未足以化民。君子如欲化民成俗，其必由学乎！

玉不琢，不成器。人不学，不知道。是故古之王者，建国君民，教学为先。《兑命》曰："念终始典于学。"其此之谓乎！

虽有嘉肴，弗食，不知其旨也；虽有至道，弗学，不知其善也。是故学然后知不足，教然后知困。知不足，然后能自反也；知困，然后能自强也。故曰：教学相长也。《兑命》曰："学学半。"其此之谓乎！

古之教者，家有塾，党有庠（xiáng），术（suì）有序，国有学。比年入学，中年考校。一年视离经辨志；三年视敬业乐群；五年视博习亲师；七年视论学取友，谓之小成；九年知类通达，强立而不反，谓之大成。夫然后足以化民易俗，近者说服而远者怀之。此大学之道也。《记》曰："蛾（yǐ）子时术之。"其此之谓乎！

大学始教，皮弁（biàn）祭菜，示敬道也。《肖雅》肆三，官其始也。入学鼓箧，孙其业也。夏楚二物，收其威也。未卜禘（tì）不视学，游其志也。时观而弗语，存其心也。幼者听而弗问，学不躐（liè）等也。此七者，教之大伦也。《记》曰："凡学，官先事，士先志。"其此之谓乎！

大学之教也，时教必有正业，退息必有居学。不学操缦，不能安弦；不学博依，不能安诗；不学杂服，不能安礼；不兴其艺，不能乐学。故君子之于学也，藏焉修焉，息焉游焉。夫然，故安其学而亲其师，乐其友而信其道，是以虽离师辅而不反也。《兑命》曰："敬孙务时敏，厥修乃来。"其此之谓乎！

今之教者，呻其占毕，多其讯（suì）言，及于数（shuò）进而不顾其安，使人不由其诚，教人不尽其材，其施之也悖，其求之也佛。夫然，故隐其学而疾其师，苦其难而不知其益也。虽终其业，其去之必速。教之不刑，其此之由乎！

大学之法，禁于未发之谓豫，当其可之谓时，不陵节而施之谓孙（xùn），相观而善之谓摩。此四者，教之所由兴也。

发然后禁，则扞（hàn）格而不胜；时过然后学，则勤苦而难成；杂施而不孙，则坏乱而不修；独学而无友，则孤陋而寡闻。燕朋逆其师，燕辟废其学。此六者，教之所由废也。

君子既知教之所由兴，又知教之所由废，然后可以为人师也。故君子之教，喻也。道而弗牵，强而弗抑，开而弗达。道而弗牵则和，强而弗抑则易，开而弗达则思。和易以思，可谓善喻矣。

学者有四失，教者必知之。人之学也，或失则多，或失则寡，或失则易，或失则止。此四者，心之莫同也。知其心，然后能救其失也。教也者，长善而救其失者也。

善歌者使人继其声，善教者使人继其志。其言也约而达，微而臧，罕譬而喻，可谓继志矣。

君子知至学之难易，而知其美恶，然后能博喻；能博喻，然后能为师；能为师，然后能为长；能为长，然后能为君。故师也者，所以学为君也，是故择师不可不慎也。《记》曰："三王四代唯其师。"其此之谓乎！

凡学之道，严师为难。师严然后道尊，道尊然后民知敬学。是故君之所以不臣于其臣者二：当其为尸，则弗臣也；当其为师，则弗臣也。大学之礼，虽诏于天子无北面，所以尊师也。

善学者，师逸而功倍，又从而庸之；不善学者，师勤而功半，又从而怨之。善问者如攻坚木，先其易者，后其节目，及其久也，相说以解。不善问者反此。善待问者如撞钟，叩之以小者则小鸣，叩之以大者则大鸣，待其从容，然后尽其声；不善答问者反此。此皆进学之道也。

记问之学，不足以为人师，必也其听语乎！力不能问，然后语之。语之而不知，虽舍之可也。

良冶之子，必学为裘；良弓之子，必学为箕；始驾马者反之，车在马前。君子察于此三者，可以有志于学矣。

古之学者，比物丑类。鼓无当于五声，五声弗得不和。水无当于五色，五色弗得不章。学无当于五官，五官弗得不治。师无当于五服，五服弗得不亲。

君子曰："大德不官，大道不器，大信不约，大时不齐。"察于此四者，可以有志于学矣。三王之祭川也，皆先河而后海，或源也，或委也，此之谓务本。

我们来看第一段经文："发虑宪，求善良，足以謏闻，不足以动众。就贤体远，足以动众，未足以化民。君子如欲化民成俗，其必由学乎！""发虑宪"，一个人起心动念、言语造作，都很谨慎地思虑，不妄动。"虑"是思虑、谋划，"宪"，法度，正确的做人做事的道理。一言一行，都要符合法度，不会乱作。现在这个时代说什么"只要我喜欢，有什么不可以"，那都是放纵。"求善良"，做一件事情，要寻求善良的人一起来做，狐群狗党成不了事，或者求善良人的指导，请教于他。这样的做事态度，人家看了，会佩服他，会觉得这个人很慎重，思虑很清楚，很有判断力。

"足以謏（xiǎo）闻"，因为人家佩服他，所以他小有名气。"闻"，名声。一个读书人想要名的，那就是求虚名。孟子讲："声闻过情，君子耻之。"一个人的名气超过了他的德行，这是君子觉得很羞耻的事情。所以有没有名气，这不是一个读书人要去追求的。

他的行为风范，人家佩服他，这也很正常。但人家佩服，不见得能利益他。大家想一想，我们从小到大佩服过多少人？可能佩服一段时间，他是他，我还是我，"不足以动众"，他还不能感动大众。所以真正要利益人，不会只是让人佩服而已。

"就贤"，可以礼贤下士，礼敬贤德之人，"体远"，而且时时能体恤远方的人，很有爱心。这样的行为，会让人家非常感动。比方说，宋朝皇帝用范仲淹当宰相，很多人会很感动，"哇，用这么贤德的人，是我们国家的福气。"商汤用伊尹，周文王用姜太公，这都是"就贤"，他们也真的能体恤远方的人，"足以动众"，感动非常多的人。"未足以化民"，虽能感动，但还不足以改变人民，让人民都能效法、学习，以他们为榜样。可能大家也有经验，看一些文章，非常感动，流完眼泪，过几天，感动慢慢就消失了。"未足以化民"，还是很难达到教化、改变社会风气的效果。

你教化了人民，他真正知道什么是善，什么是恶，什么是道义，什么是本分，什么是使命，他的气质就变化了，他的整个人生方向、目标就明确了，他就知道人生应该怎么样经营才有价值，这样就影响他的一生了。所以这一句讲道，"君子如欲化民成俗"，要教化人民，变成良善的风俗。什么是良善的风俗？君君臣臣、父父子子、夫夫妇妇、兄兄弟弟。"其必由学乎"，没有其他方法，一定要从教学，要从教育下手，才能够达到这样的效果：每一个人明白道理，敦伦尽分。

"君子"，在一个国家，就是国家领导者。那现在整个社会，最需要的是什么？现在社会不缺钱，不缺物质，可是现在的人很苦啊，内心空虚不安，没有安全感。一个家庭孩子都不孝，怎么有安全感？一个社会犯罪率愈来愈高，怎么会有安全感？夫妻离婚率愈来愈高，人与人都很难互相信任了。所以这些现象是现在社会最急迫、最亟待改善的。所以国家领导者真爱护人民，就要好好地去思考这些情况，想想怎么样让人民脱离这些痛苦。而事实上，只要人民的思想观念正确了，自然他的行为就在道中，慢慢地这些乱象就改善了。社会要安定，最根本的是人心，人心善才能过上好日子。可是人心又要靠教育、教化，国家领导人如果能认知到这一点，整个国家政策就会把教育摆在第一位。所以有智慧的领导者，老百姓就有福气了。

现在马来西亚政府很重视教育，教育部长兼副首相慕尤丁先生讲道："《论语》可以改善社会风气，降低犯罪率。"不简单，他能看懂孔子的智慧！一个教育部长看得懂圣人的智慧，又能推展孔孟的教诲，这个国家所带动的是不同种族互相学习彼此的智能，种族和平。五千年的历史可以作证明。所以汤恩比先生才说："解决二十一世纪的社会问题，要靠孔孟学说跟大乘佛法。"

最近几年，中国政府非常重视伦理道德的教育，十七大里面提到，"弘扬中华传统文化，共建中华民族共有的精神家园。"十八大报告又提到："加强社会公德、职业道德、家庭美德、个人品德教育，弘扬中华传统美德。"中华文化由中国带头来复兴，全球的华人都非常地振奋，这是利益子子孙孙，还有全世界的人民。

"君子如欲化民成俗"，这一句话假如用在家庭里面，"君子"就是父母、长辈，"民"就是孩子、家人，"俗"就是很好的家风，"学"就是家教。假如是一个学校，"君子"指校长。我们马来西亚华人的教育，靠代代华人的使命感承传下来。全国的华小，几十年来都是靠华人捐助办起来的。马来西亚的华人，他们内心很自然地觉得：我的薪水，一定要拿出一部分来支持教育。有这一份心，难怪马来西亚的华人有福，为什么？这一念心是为了整个民族，心量很大，量大福大。父母、长者有这样的胸怀，那下一代也是这样地有使命感。

这几年，马来西亚华小全国校长职工会向所有华小推展《弟子规》德行教育、传统文化教育，下一代的华人都受经典教育。那是真君子啊，想到后代子孙的智慧、德行。我们相信校长职工会的这一壮举，马来西亚华人的历史，甚至于全世界华人的历史，都会记载下来。人生在世，总要做几件这个社会最需要的事情，做几件恩泽后世的事情。这样的胸怀，历代很多的读书人都是如此。我们假如没有这个胸怀，坦白讲，谈不上读书人，知识分子这个身份，在我们身上就是虚的了。

有一套书，非常精辟，叫《五种遗规》，陈宏谋先生编的。陈宏谋先生是清朝的大臣，公务非常繁忙，却还在空余的时间收集了我们文化里面最宝贵的教诲，编成《五种遗规》。这样的大官，为了恩泽后世，不知道一天才能睡几个小时。所以我们读着《五种遗规》，要念着陈宏谋先生的恩。

陈宏谋先生走过十几个省市，包括江西。一百多年后，江西去了一个父母官，然后非常感叹，他说："这个地方经过了一百多年，还深深受到陈宏谋先生当时教化的影响。"陈宏谋先生那时候的教诲，还影响着这个地方；陈宏谋先生的德行，当地还在津津乐道，还在效法。所以一个君子有德，德风影响非常地深远。陈宏谋先生说道："必为天下不可少之人，必作世人不能作之事。"现在这个社会最缺什么人？最缺能成为人民榜样的人，最缺能承担起"为往圣继绝学"的责任的人。现在世间人受不良风气影响，要赚钱，要求名利，每天为了争名夺利，毫不厌倦。功在千秋的事情，可能没几个人愿意做。陈宏谋先生的志向非常明确，所做的事，一定是世人不愿意做，又是这个社会最急的事情，就是教化的工作。

《书经》说，"作善降之百祥，作不善降之百殃。"《易经》告诉我们，"积善之家，必有余庆；积不善之家，必有余殃。"现在天灾人祸愈来愈频繁，根本就在人心偏离伦理道德，感来了种种凶相。所以老子说："知常曰明，不知常，妄作凶。"凶相是人自己招感来的。按照现在世人造孽的速度，假如再不改善，真的，大灾都会来。

我们以前在课本当中都学到，地球的温室效应愈来愈严重，假如再不改善，沿海地区都会被淹掉。沿海地区都是繁华的地方，这些地方被淹了，人类有非常大一部分财产就泡汤了。那个时候，我们再想想，花了几十年积累的金钱，又有什么意义？人类现在要共同面对的是化解温室效应，化解灾难，这才是深谋远虑。急着去赚钱，可能几年过后灾难来了，一切化为乌有。

从自身来讲，追名逐利，不断恶修善，可能我们造作的罪业会夺走我们的寿命、福气。到时候，金钱是没有办法换回寿命，化解灾难的。真正懂得这个道理，行孝要及时，行善，断恶修善也要及时。教化人心，要摆在最重要的位置。所以马来西亚校长职工会的这些校长，是真君子。他们用老祖宗的伦理道德、智慧教化学生；"俗"就是校风；"学"，就是校规。真正给学生好的教化，学生以后踏入社会，大众一接触，"哎，这些人很不一样，哪一个学校毕业的？"现在马来西亚华小，有不少校长带头做，带头学习《弟子规》、传统文化。校长一家人坐在第一排，给全校的老师、家长做榜样，以身作则，这很难得。

这一句"君子如欲化民成俗，其必由学乎"，假如再延伸到社会，各行各业，也是非常好的一个教诲。比方说一个企业，老板就是"君子"，"民"就是员工，"俗"就是企业文化。现在很多老板都以中华传统文化的教诲来教化员工，确确实实这些企业的领导者是真希望给他的员工人生的幸福，家庭的美满，是为他一生着想，用心良苦。这些企业家这么做，不只教化了自己的员工，还给世界各地的人做了好的榜样。我们看胡小林董事长，他在企业界做出了很好的典范，企业界好多的团队都是因为他这个榜样起而效法。

所以一个人要功在民族，功在社会，其实不难。我们当前把家庭经营好，把自己的企业、团队带好，就可以带动整个世界了。人都希求美好幸福，你的家庭、团体做出了幸福的榜样，哪有人不愿意效法？包括自己的小区，你把这个小区教化好了，全世界的小区都来你这里学习了。台湾三重市耕心莲苑小区，两位老师非常用心，经营了十三年。整个小区像一个大家庭一样，非常地团结和睦。台湾"教育部"社会司经过深入了解，以这个小区为全台湾小区的样板。现在不只台湾很多的人去参访学习了，有机会到台湾的华人，很多也会去感受一下整个小区的氛围。谁不希望自己的小区像个大家庭，互助互爱？我曾经去过，他们不用说一句话，那种氛围都已经感动我们了。

所以"君子如欲化民成俗，其必由学乎"这一句，很有深意，一定要靠教学，才能够教化人心，才能够使人变化气质。我们想一想，孔子有三千弟子，七十二贤。假如弟子们没有遇到孔子，他们的人生一不一样？子路第一次见孔子，头上插的是雄鸡毛，肚子绑着一张野猪皮，非常粗犷。他假如不遇到孔子，可能一辈子就是打猎为生了。可是遇到孔子以后，他成为国家的大臣，非常有德行，生死攸关的时候，子路都不忘孔子的教诲，可见孔子的教诲深入其心。像子路这样的就不知道有多少了，所以教育非常有价值，影响的是一群人、一个地区。

假如我没有遇到师长，没有遇到经典教诲，那真是不堪设想。社会这个大染缸，我都不知道泡成什么样子了，可能面目全非了，甚至于还有没有活着都是个问题。不懂道理，造很多罪业，可能命早完了。所以确实，古圣先贤、祖先、师长的恩，难报！我们要以身体力行，以承传古圣先贤的教育，来回报深恩。

古圣先贤知道教学的重要，有的人怕经典丧失了，所以把经典刻在石头上。北京房山的石经，刻了八百年才刻完。那是多少代人共同完成的，这种精神让我们非常动容。"文革"时期，很多人冒着生命危险藏了很多经典。假如文化断在我们这一代人身上，多对不起历代为了承传文化流血流汗的先贤们！

我们接着来看第二段："玉不琢，不成器。人不学，不知道。是故古之王者，建国君民，教学为先。《兑命》曰：'念终始典于学。'其此之谓乎！"

我们看到"教学为先"的"先"字，就想起《大学》讲的，"物有本末，事有终始，知所先后，则近道矣。"先后顺序没搞清楚，没摆对，就不在常道、正道当中了，就偏离了常轨了，乱相就要出来了。

第一段谈的是国家领导者以教化人民为重要的目标。这一段讲到，个人不接受古圣先贤的教育，他连做人的道理都不知道，彰显了教育的目的跟教育的重要性。一个国家，一个家庭，要知道教育的重要性。知道重要性了，才会去下功夫，才会去努力；不知道重要性，忽略掉了，等情况出现了，再来教育，就不容易了。这就好像治病一样，还没有病，你赶紧预防，那就健康一辈子。忽略了预防，病严重了，要治，那就不知道要花几倍的时间了。

我们看"玉不琢，不成器。人不学，不知道"。第一句是譬喻，玉石不雕琢的话，不能成为非常好的器物。同样，人虽然有本善，但是假如没有经过好的教育，受后天习气染着，本善不能彰显，还是变成习气的奴隶了。《三字经》讲，"苟不教，性乃迁"，教育就是要让人恢复本善，明白做人的道理。

"人不学，不知道"，这一句提醒我们做父母、做老师的，我们现在指责孩子错误的行为，但问题是，我们曾经教过他正确的吗？一个七岁的孩子学了"入则孝"，他说，"我读了《弟子规》，学了《弟子规》，才知道做人原来要孝顺。"他不知道这是做人的根本。

现在成人做出很多行为，可能让自己的另一半都没办法接受。甚至于看到的人都会说，"这个人都这么大了，连这个都不懂！"批评之外，我们还得冷静，请问家庭教过他吗？学校教过他吗？社会教过他吗？"这么大了"，那是身体大，不代表心智成熟。所以当父母的不是把孩子身体养大就是尽本分了。不只要养他的身体，还要教育他明白事理。你把他养得很壮，不懂道理，他以后还会伤害别人。所以这一句，很值得我们从事教育的人深思——教育得找到根本。

我们想想这几代人，五十年前，一百年前，不识字的人，六七岁就开始做饭，照顾兄弟姐妹，十三四岁就扛起家里的重担了。他知不知道做人的道理？他知道。所以知不知道，跟学历不一定有关。父母的身教，整个社会都是道义情义的风气，所以他受到很好的影响。

现在一个博士，他学了没有？看起来有学，读书读了二十多年。可是他知不知道做人的道理？他可能对待父母没孝心，可能对待妻子非常地傲慢，可能脾气非常地暴躁。这就提醒我们，"学"是学觉悟，是学明理，是学明白做人。哪有愈学愈没德行，愈不知道做人，习气愈来愈重的？"学"不是追求知识技能，追求学历而已。

今天我们从事教育工作，教出了很多博士，结果离婚了，我们会很欣慰吗？他是博士、硕士，结果父母很痛苦，因为他不孝。我想我们当老师的人，绝不会引以为荣。假如他很高的学历，当官，贪污；当医生，拼命赚钱，不是以维护人的生命健康为责任；当律师，不是伸张正义，反而离婚的案件接了不少，没有好好去劝和，还引导别人离婚。这么好的职业却无德，对社会的伤害就非常大了。再比方说，我们的学生以后去教书，他觉得当老师要多赚点钱，把这个功利思想给了这些小孩了，殃及下一代。

每一个行业都有道，当老师的有师道，当医生的有医道，从商的有商道，以至于他当父亲，有为父之道，"养不教，父之过"，他得要明道，才能扮演好角色。"道"是什么？就是爱心，就是责任心，就是"助人为快乐之本"，这就是每一个行业的道啊！这样的心境，不在幼儿园教他，不在小学教他，等他大学了才教？他自我、自私已经根深蒂固了，哪有说一到社会马上就有爱心，就有责任心，就以服务为目的？

"教妇初来，教儿婴孩"，所以从教育的角度看，幼儿园、小学老师太重要了。不是说大学不重要，大学也重要，"亡羊补牢，犹未晚矣。"但是假如从小就能学，那幼儿园、小学老师真是功德无量。《易经》上讲，"蒙以养正，圣功也"，从小把孩子的德行根基扎牢，这是最神圣的功业。

我们从小要教孩子正确的心态。你不教孩子人生以服务为目的，不教孩子助人为快乐之本，他到哪一个行业都不会快乐。你说赚到钱就快乐了，我现在还没遇到一个单有钱就很快乐的。一定是做某件事情很有价值，很有意义，他才快乐。大家去观察，义工做事最认真，最快乐；反而那个为钱做事的人，不快乐。今天人家少给他了，他脸就臭臭的，不想干了。帮助别人，看到别人受益了，那种感同身受的快乐，他就很难感受到。

比方说从事医生的工作，他真正救活一个人，全家人感激他。那种内心的震撼，他一辈子都不会忘。他觉得人的这一生，还可以影响一个家庭这么深远。而说实在的，助人的时候，也是真正利益自己。一个医生救活一个人，这个病人也把医生的慈悲心唤醒了，也是这个病人成就了他的人生。所以利人确确实实一定利己，让自己的生命、心灵更提升，福报更大。大众给了我们提升自己福报、智慧和德行的机会，所以我们要感激让我们服务的人。

再比方说教育工作者，我们把一个孩子教好，他本来不懂事，现在会孝顺父母，会用功读书。学生有这样的转变，当老师的很欣慰，觉得很有价值，那也是这个学生把我们的爱心跟使命感给唤醒了。之前跟大家提到的陈老师，她感激三十多年来学生对她生命的启发跟成就。她这一份心境，对我的教育工作影响非常大——就是这些孩子、学生在提醒我，我的使命是什么，责任是什么，还有在教的过程当中，自己的不足是什么。"是故学然后知不足，教然后知困"，也是学生在成就我们的道德学问。

人要学了圣贤的智慧，才能知道做人的道理，才能扮演好每一个角色，进而家庭幸福，社会安定。这个理想通了，哪有一个国家的领导者会不重视教育？哪有一个校长，企业家，不以教做人为先呢？所以下一句讲，"是故古之王者"，"是故"就是所以。"建国君民，教学为先"，"建国"，建立国家，建立政权，"君民"，"君"是动词，统率其民。把这个道理想明白的领导者，都把教育摆在优先的位置。

刚刚我们讲到，人学了，就懂得做人的道理。学什么呢？我们学中华文化，要掌握纲领。五伦、五常、四维、八德，这就是纲领，五千年的智慧都在其中。

我们以八德来看。八德有两个说法，二者并在一起，十二个纲目——孝、悌、忠、信、礼、义、廉、耻、仁、爱、和、平。社会教育有教这十二个德目，所有社会、家庭的问题都会化解。很多人都觉得，古圣先贤的教育理论做不到。师长2005年在汤池创办庐江文化教育中心，以《弟子规》教育四万八千镇民，结果离婚率、犯罪率大大减少。我们推广《弟子规》教育一年后，镇里离婚的一对都没有。可是还有离婚的，什么情况？出去工作的，没有听过课的。所以，有没有这个缘分听到伦理道德教育，太重要了。人性本善，你教他就愿意学，愿意效法。人有羞耻心，他觉得这样是对的，不能再做错了。

以前都是比房子盖多大，有了道德教育了，"好媳妇"的证书放在正厅，要当传家宝，以道德感到尊荣，就不去攀比物质了。我们也是通过参与这些工作，才有坚定的信心，人真的是可以教好的，古圣先贤的教育太好了。很多人来参与课程，刚来的时候还很傲慢，头抬得高高的；五天之后，鞠着躬出来了。很多人都很惊讶，怎么会这样？因为老祖宗的教育是顺着人性的，谁都可以接受。

所以，八德是纲，十二个德目就能化解所有的社会问题。孝悌了，家庭和睦。忠信了，就没有跳槽了。有人走的时候还把一半的同仁都挖走了，这种不忠不信的行为没有了。有廉耻，就没有贪污了。有礼，就没有打架、冲突了。有义，政治人物有义了，时时为人民谋福利，无义只有自私自利，鱼肉人民，贪污腐败；家庭有道义了，时时都有安全感。"仁爱和平"，整个弱势群体，可怜的人，就有人照顾。我们一起学过《礼运·大同篇》，"使老有所终，壮有所用，幼有所长，鳏寡孤独废疾者，皆有所养",这些都是比较可怜的人。有了仁爱和平的心境、胸怀,社会福利事业才能做得愈来愈好,不然只是做个表象而已。

所以政治要好,社会要安定,还是要彰显道德。这个时代,花了这么多精力在政治制度上,假如人无德,再好的制度都变成玩弄的工具了。所以我们冷静下来,从家庭,从整个国家去思考,就更能体会到"教学为先",德行为本。

好,这节课先跟大家交流到这里,谢谢大家!

第七讲

诸位学长，大家好！

我们继续《礼记·学记》的学习。上节课讲到第二段，"玉不琢，不成器。人不学，不知道。""人之初，性本善"，但是要通过教育，人的本善、明德才能彰显。假如不教，"苟不教，性乃迁"，染上很多习气、欲望，就被控制住了。所以人没有教化，做出来的行为可能连禽兽都不如；有好的教化，可以是万物之灵，可以是天地人三才，可以把天地的无私践行出来。所以"古之王者，建国君民，教学为先"。

谈到教学，师长曾经说过：世界为什么乱？东方人忽略了古圣先贤的教育，西方人忽略了宗教的教育，所以人心没有依归，没有正确的判断能力，就沉沦了。而东方的圣贤教育，核心就是一个字"孝"。"人不学，不知道"，"道"首重孝道。孝心开了，百善皆开。

假如今天有一个人问你这个问题，然后你说，嗯，今天天气挺好的。这叫"掩饰"，知之为知之，不知为不知。再来，错过了一个让他明白这个大道理的机会。假如我们想，今天多学一点可以去利益人，没搞清楚的，一下课就问。"明天再说，明天再说"，哪有那么多明天？"明日复明日，明日何其多。我生待明日，万事成蹉跎。"事情就一直拖，拖到最后一事无成，德行也没提高。所以，今天讲的都要全部吸收，"今日事，今日毕。"

"今日事，今日毕"，有些人是讲给谁听的？讲给学生听的。那天我问一个朋友："你现在修学遇到的瓶颈，你用了什么方法去突破？"他想了老半天，摇摇头，"没有。"我说："你不是在教小孩吗？你现在遇到问题了，都没想方法去突破、去解决，你怎么教孩子解决问题？怎么教孩子百折不挠、愈挫愈勇？"假如我们自己不先好好地去力行，那百折不挠、愈挫愈勇叫成语，跟人生没关系，跟教育也没关系。这一些教诲化成我们的心态、处世待人的风范，才会影响孩子。我们希望孩子、学生有怎么样的人格特质，自己要先做出来。

孝心开，为什么百善皆开？我们从"孝悌忠信礼义廉耻仁爱和平"这十二个纲目来看。"悌"，"兄道友，弟道恭，兄弟睦，孝在中。"一个人的忠诚，一个人的尽心尽力从哪里来的？孝。"亲所好，力为具"，我们从自己父母，从上一代的身上看得太清楚了。为了让父母早一点过上好日子，读书、工作，不用人操一点心，尽心尽力、尽忠。"信"，对谁诚信？一定是先对父母诚信，"父母命，行勿懒"。

"礼"，"父母呼，应勿缓"，对父母有礼，对他人就有礼。一个人对人无礼，他对父母一定不恭敬。真的，一个人跟人相处的时候，觉得有一些习气出现了，马上想，我怎么傲慢？对妈妈也傲慢。我怎么脾气这么大？对父母脾气也大。《孝经》讲，"爱亲者，不敢恶于人；敬亲者，不敢慢于人。"孝道启发人的性德，孝心开，性德就开始流露了。爱敬是一个人本有的性德，假如对别人爱敬没有办法提起来，一定是孝道有亏。明白这一点很重要，因为一个修身之人，怕的就是不知道问题在哪，甚至于道理听了，我们还不承认、还自欺，那就提升不上去了。跟人相处有对立、有冲突、有情绪，马上提醒自己，我对父母是不是也有这些心态？这是从根本去掉我们的习气。"义"。以前的人可贵，对父母有道义。父母都去世了，一想到父母就流泪，父母的恩德太大了，"丧三年，常悲咽"。"廉"，"物虽小，勿私藏"。"耻"，"德有伤，贻亲羞"。你看，都在"入则孝"里面。

"仁"，"冬则温，夏则凊"，体贴入微，设身处地。"爱"，是用心去感受，"亲有疾，药先尝，昼夜侍，不离床。""和"，"亲有过，谏使更，怡吾色，柔吾声"，对父母、对长辈讲话还会大声，那我们对不起孔老夫子，对不起圣贤的教诲。一个人在团体里面，对领导、长辈还非常傲慢，言语还粗暴，那真的要好好忏悔、反省，不然离明德、离恢复本善愈来愈远。"平"，一个人能达到"平"，任何境界都不能让你生气，"谏不入，悦复谏，号泣随，挞无怨。"父母不理解你、骂你，甚至打你，任何境界都能平心静气去应对，而且不带任何的怨恨。

诸位学长，你的儿子就是这样好不好？你的女儿就是这样好不好？你的学生就是这样好不好？首先我们自己要是这样的人，是吧？上行下效。我们对这些道——孝道、五伦八德，都很清楚了，我们就能"传道、授业、解惑也"。

"教学"，有宗教教育，还有家庭教育、学校教育、社会教育。就好像一台车的四个轮子，四个轮子都挺好的，才跑得远，一个轮子出状况了，就跑不稳健。那请问大家，现在四个轮子坏了几个？所以开起来危不危险？不能继续这样下去，赶快亡羊补牢，赶快把轮胎补上，把破洞补好。

一个人的德行，根在家庭，所以家庭教育是教育的根本。学校教育是家庭教育的延续。社会教育是家庭教育的发展。宗教教育是家庭教育的圆满，强调的是高尚的情操、牺牲奉献的精神，把人格提到顶点。所以教学要多管齐下。每个父母都懂家教，把家庭治理好了，把下一代教好了，社会的细胞就安定了。我们新华小学的廖校长讲到，他父亲临终时给他的叮咛是，照顾好兄弟姐妹（他是长子）；还要记得，为这个社会多做点事。所以大家看，真的奉献社会的人，都是孝子，"忠臣出于孝子之门"，这是真的。

还有，不只要教伦理道德，还要有因果教育。"善有善报，恶有恶报"，人才不敢作恶。现在的人为什么什么都敢做？他觉得死了以后就没有了，他觉得做什么恶事，反正死了又不用负责任。所以几千年来伦理道德、因果教育缺一不可，伦理道德让他有羞耻心，耻于造恶；因果教育让他从小就知道不能造恶，不敢作恶。

现在马来西亚的学校教育推展得非常好。在内地，吉林松花江中学也做得很好。确实，这些小学、中学的校长、老师，真是做出了榜样，给了整个教育界的人信心。大学里面，钟茂森博士是教授，他带头弘扬伦理道德教育。还有中共中央党校刘余莉教授。这两位教授都很年轻，都很有成就，都是尽心尽力在弘扬伦理道德教育。这是学校教育。

再来，社会教育。现在各行各业都重视伦理道德的推展，很多企业家带头学。新疆有一个郝总，不只自己的企业在做，他礼拜六、礼拜天还免费办课程让社会大众来学，他的高管去做服务员，而且还做得很高兴，因为他们真正体会到"助人为快乐之本"。让我非常惊讶的是，他的员工里面有百分之十五是残障人士，而企业里面做事最认真的就是这些肢体上有残缺的人，真的是"爱人者，人恒爱之"。郝总义务地给大家办课程，很多家庭改变了。很多人都跑来跟他买产品，他不好意思了。"我办这个课程，是希望大家受益的，不是要你们买我的产品的。"对方说，"我一定要买你的。"为什么？办伦理道德教育是利益他的一生，利益他的家庭，利益他的团体，人家把这一份恩德记在心上。

再来，宗教教育非常重要。在马来西亚，国家的领导人在这一点非常用心。包括民间，我们才去参加了宗教和平论坛，不同宗教三百多人坐在一起，感觉非常地和谐。

"《兑命》曰"，《兑命》是《尚书》里的一篇文章。兑命是殷高宗的宰相，很有智慧。《兑命》里面讲道："念终始典于学。""念终始"就是自始至终，"典"是常常不忘。这句话的意思是，持续地重视教学。因为明白教学的重要，没出生就开始胎教了。教到什么时候？俗话又讲，"活到老，学到老。"而且学习"如逆水行舟，不进则退"，不能说我今天学习，明天放一天假。学习不能放假，三日不读书，面目都可憎。我们实事求是请问一下，现在撑得了三天吗？现在多久不读书就面目可憎？所以更要了解"念终始典于学"，不可以懈怠。求学就像钻木取火，哪有说钻三分钟，休息一分钟，"手好酸，待会儿再来"？那钻到哪一年才钻得出火，钻得出智慧呢？

还有一点，学习为什么不能间断？因为学好，终年不足，学坏，一天就够了。人要学好，要好几年，慢慢改变气质。学坏呢？今天带他去"斗闹场"，明天就面目全非了。所以"斗闹场，绝勿近"，用"绝"、用"勿"，是不可以犯的，一犯就兵败如山倒。

从学的角度，不能懈怠；从教的角度，也不能停下来。教学者要不断提升才有智慧利益学生。教学者一懈怠，马上把孩子带坏了。所以什么时候教学？随时随地。很多人就讲了，那学习不是很累吗？请问大家，你要累一阵子，还是要累一辈子？要累一阵子，咬紧牙关，三年就把德行成就。可是假如不肯真正用功，身心都变成欲望、习气的奴隶，那累一辈子。能吃苦，吃一阵子苦；不能吃苦，吃一辈子苦，不只自己没得利益，后代也学不到真实学问。

我们再看下一段。"**虽有嘉肴，弗食，不知其旨也；虽有至道，弗学，不知其善也。**"又是一个比喻。这也在提醒从事教育的人，要善于譬喻，善于说故事，这一点很重要。这个时代的人，缺乏教育，所以他的悟性不高，感受能力不高，你要讲道理，差不多讲三分钟，他就开始有点恍惚，集中不了精神了，或者就快打瞌睡了。你说"讲个故事"，他精神来了，喜欢听故事，从故事当中再很自然地把道理给带出来。现在当老师不容易，但就是因为不容易，才显出当老师的精神嘛，"诲人不倦"。"嘉肴"，非常美好的食物。你不吃，不知道它的美味。"虽有至道"，虽有五千年的经典智慧，不学，就不知道它对我们人生有多大的益处。

我们曾经遇到朋友来听《弟子规》，听了两个小时，他已经四十几岁了，还是当老板的人，他就在那里跺脚，"哎呀，我四十几年的人生经验，总结起来，不就是《弟子规》那一两句话嘛。"他花了多少年去摸索？四十几年。所以"虽有至道，弗学，不知其善也"，一学，觉得太好了，手不释卷，真的是"发愤忘食，乐以忘忧"，读书读到忘了吃饭。读这些千古文章，味道很浓，有时候读着读着，触类旁通，跳起来在那里拍手，这就是知道它的益处，充满喜悦。

"**是故学然后知不足，教然后知困。知不足，然后能自反也；知困，然后能自强也。故曰：教学相长也。**""教学相长"这四个字，就是从《礼记·学记》来的。《中庸》里面提到，智、仁、勇，三达德，"好学近乎知，力行近乎仁，知耻近乎勇"，知道这三个道理，懂得用这三个道理来修养自己，"则知所以修身，则知所以治人"，身修好了，才能帮得了人，才能利益得了人。好学才会有智慧，人有了智慧，才能够把正确的思想告诉别人。当父母、当老师，我们假如没有正确的思想价值观，也利益不了孩子。一个教学者要先好学。所以，这一段不只是讲给学生听，老师自己也要好学。

学了以后"知不足"，知道自己还差得远。人一觉得不足，"哎呀，比古人差多了"，孔子"温良恭俭让"，圣人都不傲慢，我还傲慢，太惭愧了。常常这么想，习气就转成惭愧心了。我们说学儒要学孔子，处世待人都要以孔子为标准，就"知不足"了。"知不足，然后能自反"，自我反省。反省了，赶紧改过，赶紧继续学，所以能"学而不厌"。自我反省、自我改正，放下习气，就乐了。大家有没有战胜自己一个坏习惯的经验？高不高兴？有没有比吃大餐快乐？有，而且还持久。吃大餐快乐多久？快乐一个小时，之后就胃痛，因为吃得太撑了。

真的东西不会变。比方说，你今天读经典很快乐，明天读很快乐，让你学习加两倍、加三倍，更快乐，这才是真乐。真的，如果每天可以让我十个小时都用来读这些书，真是乐不思蜀。可是吃饭呢？吃一碗饭，高兴；吃两碗，勉强；吃三碗，跑厕所了。所以吃饭是不是真正的快乐？不是。那叫什么？痛苦暂时解除。所以只要是让人一时快乐，那都不是真乐，那叫刺激，暂时忘了痛苦而已。所以现在的人很可怜，都觉得去寻求刺激，暂时忘掉痛苦叫乐。那终究解决不了真正的痛苦，也尝不到真正内心的自在快乐。真正的自在快乐只有通过学习，"学而时习之"，只有真正依经典去尽仁义、情义、道义，才知道什么是孝顺父母的快乐、什么是助人的快乐，也才知道真正放下坏习惯、习气，一身轻安自在的感觉。所以学习"如人饮水，冷暖自知"，不学不做，"不知其善也"。

"教然后知困"。一个人的痛苦，根源在哪？你说他缺钱了，我给他钱，解决了，他假如是贪心，你要给到什么时候？所以人痛苦的根源，在迷惑、不明事理，思想错误是他痛苦的根源。"知足常乐"，知足的人不痛苦，贪心的人给他再多的东西，他还是痛苦。所以唯有通过教育，让他转迷惑为觉悟，才能根本解决痛苦。所以真正仁慈的人从事教学工作，或者以身教让身边的人觉悟，"诲人不倦"，这就是仁慈。"智、仁"，一个人有智慧、有仁慈，能恢复他人的明德。

而在提升智慧、仁慈的过程当中，还要有勇气，"知耻近乎勇"。因为学，会有瓶颈，要不屈不挠，要突破。面对自己的习性，要勇猛，要赶尽杀绝，要像毒蛇咬到你的指头了，你马上刀子拿起来，切下去。还管什么痛不痛，命就快没了！再放纵习气，我们的慧命就完了，智慧的生命就完了。所以告诉大家，学习苦不苦？放下习气，学习真乐。但学习也苦，什么时候苦？在那里挣扎放不下的时候苦。在那里对治最严重的坏习性，比方说好面子，"掩饰"，对治起来跟把一层皮撕下来差不多，很难过。跟习气打仗的时候苦，可是人只要勇往直前，这些习气最后就统统归顺你了，就变成你的军队了。突破这些习气以后，才有宝贵的经验可以告诉人家，怎么不贪心，怎么克服坏习性，怎么不傲慢，谦虚，这都是真实功夫。我们今天跟人家讲，要不贪、不嗔、不痴，结果心里毛毛的，讲不下去了。自己做不到讲出来，人家听多了、看多了，就不听我们的了。

"教然后知困"，有时候觉得自己理通了，结果跟人家讲，讲到一半卡住了，就像那个 DVD 卡在那里，跑不过去了，这就是"困"。"对不起，明天再跟你讲，我一定把它搞通。"丢不丢脸？不丢脸。今天我们告诉学生，"明天我来跟你讲"，这是负责任的态度，不知道就说不知道，不逞强，不打肿脸充胖子。搞不清楚，还稀里糊涂讲一通，这样不好。"知之为知之，不知为不知，是知也。"大家有没有经验？我们在求学的时候，同学来问你一道数学题，你会做，然后你跟他讲，讲到一半，讲不下去了。所以自己会做，不代表你会教。"教然后知困"，你就更能提升，把那个道理贯通到能够指导别人。所以也是学生在提升、成就我们，因为他们，我们才知道我们有哪些不足，哪些没有贯通。

"困"，还有另外一层意思。我很努力地教学生，怎么教着教着，他的行为愈来愈不好？真的，在教育界太多老师真的是鞠躬尽瘁，可是学生一届不如一届，他们也很忧心，这是他们困惑的地方。

"知困，然后能自强也"，"自强"，就是自我提升，从经典当中找到原因，就不迷惑了。所以困惑在哪？没有找到根本，没有找到先后本末。"物有本末，事有终始，知所先后，则近道矣。""德者本也，财者末也。"现在是知识、才艺为先，德行摆后面，本末倒置。所以一个从事教育的人，不要怕面对困惑。有困惑是好事啊，我们把它想通了，就能让更多的人明白。所以从这一句，我们可以感觉到，确实教学者自身得最大的利益，扩宽了心量，增长了智慧，心灵都在不断提升当中。

"《兑命》曰：学学半。"第一个"学"是教，"半"就是互相促进。学了帮助你教，愈学才愈有智慧教人。教了，又让我们明白不足，自我反省，自我提升。所以我们看，古人念念都跟经典相应，前面是诠释道理，后面都要汇归到经典。孔子讲"述而不作"，世间这些真理，圣贤人说尽了，讲得很透彻了，所以总结都用经典。"其此之谓乎"，应该就是这个道理了。

接着我们看下一段，这一段主要讲古代教学的设施，还有学习者的目标。"古之教者，家有塾"，"家有塾"，二十五家有一个私塾，这二十五家称为"闾"。一般私塾就设在巷口第一间，第一间都是比较有钱的人，大户人家，他们请来私塾老师，让亲戚、邻里乡党一起来学习。一般孩子六七岁、五六岁就开始上私塾了。"党有庠"，五百家为"党"，学校的名称叫"庠"。"术有序"，这个"术"字念suì，一万两千五百家为"序"。以现在的习惯来理解，一个人在乡村书读得不错，送到哪里？送到县里去读。县里读得不错，送哪去？送省里去读。省里读完了送哪去？国立大学，那里都是一国的精英。"国有学"，就是指国家办的大学，一般学生年龄差不多十五六岁左右，快成年了。

"比年入学"，每一年都招生入学，"中年考校"，"考校"就是考试，考试的制度是入学第二年才考试。为什么？先积累，厚积薄发。都没有积累，都没有涵泳，都没有领纳，一年考好多次，说实在的，那都是纸上文章，都是知识而已，没有内化。

"一年视离经辨志"，学一年能够"离经"，一些重要的经典，能够标好句读。当然这也表示他的理解力很好，能标得出来，对这些教诲他能判断。教育的内容一定要经典为先。你不能先教他文学，不然他连是非善恶都不会判断。我们看近代一些写文章的人，徐志摩会不会写文章？他利益社会了吗？他的行为让人家觉得很可耻，抛弃他的元配，还说自己要做第一个离婚的男人。没有先从经典教，就乱了。古代的教育方法不得了，师长常说，民国初年小学生写的文章，现在博士生都写不出来，没那个功夫。我听说现在大学联考，改考卷的老师一个头两个大，看到的都是错字连篇。文章不行，涵养差得更远。

徐志摩叫他太太去堕胎，他太太说这样会有生命危险。他说，做火车都可能会出意外，谁不危险？连自己的另一半都不能感同身受，这算什么学问？他去找林徽因，林徽因有家教，她判断得出来，会甜言蜜语的男人靠不住，只会写文章，言行不一致。后来他还去找陆小曼，陆小曼是他好朋友的妻子，胡来！无情无义，我们还把他当大文豪，现代的人也颠倒。结果，恶有恶报，他三十五岁坐飞机去听林徽因的演讲，结果飞机失事了。他是一个公众人物，公众人物都做错了，那感乱社会，造的孽就大了。他的元配活到八十九岁，所以好人还是有好报。元配跟他离完婚，还照顾他的父母，那一份情义还在。所以厚道好，厚道才会长命。活长点，多干点事，人生总不能白来一次。

"辨志"，教学也好，学习也好，首重立志。志向立定了，这是人生源源不绝的动力。范仲淹先生为什么学问这么好？他立定志向，哪一年一定要把母亲接出来，要光宗耀祖，要考上功名。结果他在他定的日期之前就做到了，不简单。"馕粥馌口"，每天把粥煮烂，凝固以后，切成几块，一餐吃一点，因为他有坚定的志向。

当老师的人要判断，学生的志向对不对？假如不对，要引导他，不能立错志向。要让学生自己能分辨，什么样的志向是有意义的。一个人的志向与仁义相符合，这叫大志；与情义相符合，这叫高志，崇高的志向；与道义相符合，叫壮志；与欲望相结合，"哎呀，我赶快赚到钱，吃得饱饱的，然后可以好好玩一玩"，这叫卑志。我以后要怎么样了，就要给谁好看，志跟恨相合，叫危志，很危险。假如我们带出来的学生，人家一问，你的志向是什么？他们连想都不想，就说："为往圣继绝学，为万世开太平。"那我们这个"辨志"就教得好了。

"三年"，学习了三年，能达到什么状况？**"视敬业乐群"**。我们又看到一个重点，学问一定从诚敬、恭敬当中求得。"一分诚敬得一分利益，十分诚敬得十分利益。"他尊敬老师，尊敬老祖宗、圣贤人所留下来的道业、学问，"敬业"。一个人很诚敬，学起来就专心致志，不懈怠，不会心猿意马。"乐群"，跟人家相处得很融洽。学问很重要的，要懂得爱人、敬人，君子跟一般的人不一样的地方，就是他"爱敬存心"。假如跟同学相处几年都发生冲突，那学问有问题了。《大学》告诉我们，"古之欲明明德于天下者"，这是高远的志向，从哪里落实？"先治其国；欲治其国者，先齐其家，欲齐其家者，先修其身"，修身又从哪里开始落实？"格物"。一个人不把傲慢去掉，不把贪心去掉，不把坏脾气去掉，怎么跟人相处得好？连相处都相处不好还能利益人？那是空的了。

所以一个人学习的前三年，首要的是扎根，扎他的德行的根，扎他的恭敬心。怎么看一个人根基好不好？就看他跟人相处。当老师的要跟他讲，你看，你的贪心、虚荣、傲慢、不尊重人……他才能够再下功夫。我们看，学习国学，都不是从知识的角度去看，都是从道德学问。我们勘验自己学得如何，就看自己跟家人、跟同事相处得怎么样。假如还会对立，还会冲突，那我们还得从自己的习气下手，"君子务本，本立而道生。"

"五年视博习亲师"，"博"是广博，"习"是什么？学到的东西要落实、要实践、要练习，这就是"解行相应"。《论语》里面讲道，"唯上知与下愚不移"，一般人不肯依照经典去做，只有两种人会很老实地去做：一种就是搞通的人；一种就是没懂，他也想不明白，不过他说，"你怎么说，我怎么做"，老实人。

一个人广博学习以后，他最后会明白，智慧要成就，"学之道，贵以专"。范仲淹很有学问，他最通的是《易经》。深入以后，一经通，一切经就通了。因戒得定，因定开慧。假如一次学好几部经典，变成学知识，不是学智慧，那叫"杂施而不孙"。

所以这个"博习"，强调"解行相应"，而且务求贯通，通达明白。理有顿悟，事要渐渐去修。汉朝马融学问很好，还可以著书，他的学生郑玄学得比他好，他嫉妒他的学生，还要杀他的学生。嫉妒心起来真恐怖。你说他有没有学问？有，他还注经。他有没有德行？没有。德行为基础，再求学问，不然也没有办法利益人。

"亲师"，亲近老师，"以师志为己志"，以老师的志向为自己的志向，以圣贤的志向为自己的志向，心同圣贤，愿同圣贤。看到古书、看到圣人教诲，都觉得很亲切，就好像圣贤人亲自到自己面前来教自己一样。而一个人面对老师的时候，最重要的，是依教奉行，那个亲爱才是真的。

"七年视论学取友"，可以跟人家谈论学问，代表理贯通了。能跟人探讨，然后去引导别人了解、深入经典。"取友"，有能力判断好友、善友。老子说，"知人者智"，看得懂人，那才有智慧。"自知者明"，知道自己的，那是明白人。**"谓之小成"**，有判断力跟智慧了，在学问上已经是小有成就。

一个成年人在社会当中，受谁的影响最大？朋友。所以"取友"对一个人道德的提升非常重要。《论语》当中提到，"益者三友，损者三友。""友直"，正直无私的朋友。"友谅"，能宽恕人、度量大，而且真诚。"友多闻"，很有人生见识，增广我们的见闻。

"损者三友"，哪些人会损害我们的德行，我们下次再谈。谢谢大家！

第八讲

诸位学长,大家好!

我们继续学习《礼记·学记》。第一段,强调的是教育的目标,化民成俗。第二段讲到教育的重要性,"人不学,不知道",通过学习,才知道怎么为人处世。领导者有这个认知,就非常重视教育,"教学为先"。第三段讲到,必须深入学习经典,才知道经典的可贵,才会珍惜,而且"学学半",教跟学互相促进,利益别人,一定利益自己。第四段讲到古代的学制,"家有塾,党有庠,术有序,国有学",进国学的,主要是十五六岁的贵族子弟,还有在"塾"、"庠"、"序"比较优秀的,通过考试,比方说考上秀才了,也可以到国家办的学校读书。还讲到国学办学的一些规矩,每一年招生,隔一年考试。

然后是学习目标。"一年视离经辨志",一开始要深入经典,分辨是非邪正。"辨志",学习首重立志,学者要分辨自己的志向正不正确,同时教学者也要分辨学习者的志向是否跟他的特质相应。"三年视敬业乐群",非常恭敬他的学业。学问一定是从诚敬中求来的,一分诚敬得一分利益,十分诚敬得十分利益。谈到诚敬,我们常说"精诚所至,金石为开","至诚感通","通"是时空都可以超越。孟子学孔子,孔子身边从学已经不在了,但是他非常诚敬地读孔子的教诲。孟子学得最好,在孔子身边从学的学生都比不上他,孟子称为亚圣。从这里我们就感觉得到,恭敬心是学习非常重要的态度。

孩子对学问的恭敬,受父母的影响。我们希望孩子好学,自己要好学。假如每一次我们读书以前,都恭恭敬敬给孔夫子像三鞠躬,孩子从小看到大,怎么可能不恭敬呢?每一次我们读经典,恭恭敬敬把经书请出来,孩子都是耳濡目染,潜移默化。以前求一部经书求不到,还得到书院去抄,一字一句抄,非常珍惜。现在印刷术这么发达,经书很多,有的把书放在厕所里面，到处乱放，小孩看了，怎么可能会尊重经典呢？这一些都是环境的教育，身教。

"乐群"，跟人相处得很融洽。孟子讲，"天时不如地利，地利不如人和"，读了几十年的书，居然不会跟人相处，那就读死书，就成书呆子了。国学里面，不是看你能背几部经，都是看你实际在处事待人接物当中用出来多少。

儒家讲，"古之欲明明德于天下者"，他胸怀国家天下，有很远大的目标，那要完成这么远大的目标，从哪里下手是根本？"格物"。"物格而后知至，知至而后意诚"，心正、身修、家齐、国治、天下平。格物最重要的就是革除自己的坏习性，对习性赶尽杀绝，不可以妥协。明天再改，到了明天呢？又再明天改，"明日复明日，明日何其多"。所以一个人素质很好，却不能成就道德学问，主要还是因循苟且，过一天又一天，不愿意下真功夫，糟蹋了本来很好的素质。

但是问题来了，人容不容易看到自己的问题？《弟子规》有一句叫"倘掩饰，增一辜"，我们可能面对一些事情，掩饰、解释、找借口已经习惯，自己还不知道。比方说，我们跟人家约会，结果迟到了，"哎呀，你又不是不知道我们这里的交通，塞车了。"惯性！错了还要找借口。所以德行、学问要提升，首先要不自欺，不能自己欺骗自己。当我们很习惯找借口，身边的亲朋好友一看，"哎，算了算了。"人家也不想劝我们了。勇于认错，反而值得人家尊重。

所以要看到自己的问题，并不容易。孔老夫子教我们一个好方法，"见不贤而内自省"，"其不善者而改之"。所有的人就好像演一出戏给我们看，看到忠臣，效法；看到不好的人，想一想，我有没有跟他一样的问题。别人就像一面镜子一样，提供我们反省的机会。

我们跟同学、朋友，跟他人相处，能够很和睦、合群，那就代表我们内心的对立、傲慢、嫉妒、坏脾气愈来愈少了，跟人愈来愈融洽了。所以一个人的学问有没有提升，看还有没有看不顺眼的人，还有没有不能忍受的事情。没有看不顺眼的人，都不跟人计较了，这才有修养，才能合群。所以学问首先要先扎根，扎德行的根，"君子务本，本立而道生。"怎么看自己的根基牢不牢固？就看跟人相处有没有坏习性现前。

"五年视博习亲师"，"博习"主要还是要求贯通。"博"是深入经典，"习"是练习、实践。学问是从哪里提升的呢？解行并进，解行相应。一个人的德行根基能不能扎稳，也跟解行相应有关。你说把《弟子规》学十遍，根基就扎好了，是不是这样？听十遍是解，落实多少是行。《弟子规》说"不力行，但学文"，只有解，解到最后没有落实在生活上，"长浮华，成何人"；"但力行，不学文"，只是拼命去做，没有对照经典，可能就"任己见，昧理真"。

在这个"博习"的过程当中，还要亲近老师，这一份亲近，最重要的是效法。比方说亲近孔老夫子，最重要的是以孔老夫子为榜样，起心动念就想，夫子会怎么想？夫子面对这个事会怎么做？都以孔子为标准，时时就生惭愧心、羞耻心，"差夫子的境界太多了，要赶紧用功。"所以亲近老师，不是每天跟在旁边而已，那是形式的东西；真正能依教奉行，这是亲师的实质。每天都跟在旁边，最后是阳奉阴违，那老师是最痛心的。我们跟在老师身边，对老师很恭敬，离开老师，对其他人很傲慢，老师前一个样子，老师后一个样子，愈学言行愈不一致，老师知道了，摇头。

所以学习的大根大本，是真诚心。《中庸》谈的就是这个"诚"，诚跟性德相应。怎么提升自己的诚？言行要一致，人前人后要一致，台上台下要一致，上班下班要一致，有人没人要一致。所以儒家很强调"慎独"的功夫，道家讲"不欺暗室"，没人在的时候，也要坦荡光明。

"七年视论学取友"。"论学"，学问可以用在生活、工作、处事待人当中，可以分辨是非、善恶，甚至分辨流弊，"这么做了，往后会产生什么副作用？"他可以深谋远虑，可以防微杜渐，可以见微知著。我记得有一次跟卢叔叔在一起，看到一个打火机上面是女孩子的照片，穿着比较暴露。卢叔叔就说："从这一个打火机就知道，社会风气要乱。"以前的人有这个能力，春秋战国时代的季札，有真学问，他听了郑国的乐曲就说，这个国家要亡，后来没多久确实如他所说。

"取友"，找好的朋友要有智慧。老子说"知人者智，自知者明"，首先要有自知之明，连自己都看不清，要看得清楚人就不容易了。真正看得清楚自己，心地就清净，清净才能看得到自己的念头、自己错误的思想在哪里。心清净了，照自己照得清楚，进而照别人也照得清楚。

孔子在《论语》当中有讲到看人，"视其所以，观其所由，察其所安。人焉廋哉？人焉廋哉？""人焉廋哉"重复两次，重复也是有意义的。只要能这么去观察，人怎么可能隐藏得了呢？"廋"就是掩饰、隐藏。"视其所以"，"视"就是当前看到的。"观其所由"，"观"又比"视"更深入。"由"，经过、经由，就是不只看眼前的情况，还了解他之前整个的家庭状况、工作状况。现在有领导来学校视察，老师跟学生忙成一团。印刷机"刷刷刷"，好几个礼拜拼命把要用的资料印出来，然后早上两三个小时领导检查完，吃顿饭下午走了。吐一口气，第二天所有作品统统收起来。应付啊！包括家里有客人要来了，妈妈赶紧把垃圾堆整理成皇宫，小孩一看就知道，哦，有人来的时候才整理。

所以要看一个人的真实心态，还得花点时间。这个人给我的印象挺好的，那不一定准。你觉得印象挺好，可能是跟他前世关系还不错，不代表他这一世很有德行。大家看现在的男女关系就好了，一见钟情的最后都怎么样？我看一半以上都离婚了。为什么？一见钟情就不是理智嘛，都是冲动。冲动不是真心，容不容易变？变得可快了，早上结婚，下午就有离婚的。都是冲动嘛，都还没有彼此了解就爱得死去活来，就睡不着觉，那叫欲望。

所以，人世间很重要的往往在用人、在取友、在择偶。一个重要的合伙人，一个重要的干部，如果选错了，可能几十年的辛劳付诸流水。所以孔子讲"不患人之不己知，患不知人也"，不了解人是很大的忧患。所以"观其所由"，从他的整个家庭背景、工作背景，了解得就比较全面。人世间很多重要决策，没把握，不要轻易下，不然错了就不好处理了。

有朋友结了婚，我跟他们交流找对象，讲完他说来不及了。告诉大家，这个时候只要记住一句话，叫"精诚所至，金石为开"。只要有经典，有智慧，人世间所有的事都不是坏事，都是好事。大舜遇到这么不好的父母，好事还是坏事？成就了他的德行，成就了他的智慧。"天将降大任于斯人也，必先苦其心志，劳其筋骨，饿其体肤，空乏其身，行拂乱其所为。"请问大家，这一段什么时候用？我们要有志气，要"为往圣继绝学"，"早点来考验，我才能够真正有智慧，来，放马过来"，是吧？泰山崩于前面不改色，要锻炼这样的气概。

"察其所安"，"察"是审察。审察什么呢？不管是现在做的还是以前做的，做完以后，心安不安。以前做错事，现在非常忏悔，那这个人有善根。假如以前做错事，现在还自以为有本事，那这个人铁定是不能用的。假如做了善事，他觉得心很安，人家称赞他，他诚惶诚恐，"这算得了什么！"这个人就安在良知，安在善行，这个人修养就好。假如做善事了，就怕别人不知道，见人就讲，那他是安在名利当中。他是为了虚名才去做好事的，没有虚名了，他可能就不做了，或者没有人赞叹，他可能就不高兴了。

夫子在《论语》当中又提到，"益者三友，损者三友"，我们上一讲讲的是"益者三友"，今天跟大家交流"损者三友"。讲到这里，可能有人会说，我们学就是要学仁慈博爱，对于没有德行的人，我们应该去影响他，让他变好。有没有道理？有。你要帮助他，可以，但不要到最后，被他给度走了。所以处事还有一个方面叫"量力而为"，你的功夫能转变他，那没问题；功夫还没到，会被他影响，那就不行。人家真的有道德学问的，可以到舞厅里面去给人家讲经典；我们到舞厅里面，眼花缭乱，心乱如麻，怎么帮忙呢？

所以自己几两重，要有自知之明，接触这些人会受影响，那就要敬而远之。还是恭敬，对他没有看法，没有对立。你可不要跟他讲，"哼，我才不要跟你在一起，孔子说损者三友。"他可能就很不高兴，就找你麻烦。所以对一切人都要恭敬，而且心里面要相信"人之初，性本善"，期许自己赶紧成就道德学问，可以做他人好的缘分，增上缘。

损者三友："友便辟，友善柔，友便佞。""便辟"就是很会应付，内心并不真诚。比方说讲话态度很好，那个人一走，他的脸整个就换成另外一个样子。这样的朋友你要注意了，那是虚伪，不是真诚。"友善柔"，他很有目的，对人很殷勤、很热情，善于谄媚讨好别人，这是虚情假意。"友便佞"，"佞"就是口才很好，很有辩才，把死的讲成活的，把黑的讲成白的，用言语把人家硬压下去，但是没有真实的学问。

我们一听都知道这样不好，可是接触这样的人，会不知不觉受他影响。你说谄媚好不好？不好，"勿谄富，勿骄贫"。可是你看人要不谄媚，容不容易？看到有钱的，看到有地位的，看到漂亮的，看到有很好外在条件的，可能我们这个谄媚就会产生。学好终年不足，学坏一日有余。

说实在的，一个人口才非常好，一般的人一接触，生起什么心态？好羡慕。孔子讲"巧言令色，鲜矣仁"。"刚毅木讷，近仁。"你不细细去思考这些问题，真的会被这个社会风气给影响。聪明反被聪明误，一辈子老实厚道是最可贵的，老实学不来啊！所以孔夫子这些教诲，其实对我们都有很重要的提醒。一个人假如很注重修养，言语不敢讲得太快，都能留三分，这是比较有修养。言语都会超过十分，还十二分的，都有问题。这不是我讲的，言语这个专题，光是言行一致的态度，夫子在《论语》里面就不知道讲了多少句。

"古者言之不出，耻躬之不逮也。"子贡口才最好，子贡问夫子：怎么提升自己的德行，成为君子？孔子告诉他，"先行其言"，先去做，做到再说，"而后从之"。"君子耻其言而过其行"，君子觉得最羞耻的事情，是他自己言过其实。所以，不要羡慕口才很好，说话很实在的，那才好。可是女孩子就特别喜欢口才好的，那些甜言蜜语会让她三天睡不着觉的。所以人这一生为什么会遇到很多灾难？就是判断力不够。有判断力，就不会掉进灾难里了。

"谓之小成"，学问能贯通，又有判断力，有知人的智慧，谓之小有成就。**"九年知类通达，强立而不反，谓之大成。"** "知类通达"，就是触类旁通。"知类通达"是解。"强立而不反"，把理解的东西真正用在处世当中，这才是真正的大成就。很多读书人写文章、讲话特别厉害，引经据典，别人听了都是佩服得五体投地，可是禁不起很多诱惑，那他只有解，没有行。就好像刚刚我们提到的口才好，假如不厚道，讲话都会苛刻。苛刻就跟仁慈相违背了，纵使他学问很渊博，也是没有成就的。

有一位读书人叫王用予，有一次梦中有人跟他讲："这一次科举考试，你不会考上，考第一名的是周家的周吉。"他就很惊讶，他说我们这个地方，有两个人学问特别好，一个还是孝子，怎么他们没考上，我也没考上，反而是那个看起来比较老实的人考上？人家跟他讲："周吉曾祖父就开始行善，他们家族要兴旺三代。"当然，假如他的下一代继续行善，那就是世世代代了，"积善之家，必有余庆"。他的曾祖父劝印《忍经》，劝人一切都要忍。家庭要忍，才能和谐；人与人要忍，才不会冲突；国与国要忍，才不会发动战争。"那个孝子看起来是孝子，事实上，他内心常常埋怨父母。虽然讲话都很恭敬，但内心对父母不耐烦，可是又怕人家看到，所以装着让所有的人觉得他是孝子。他本来可以考上，但现在已经被削掉功名了。" "另外一个是十六七岁就考上秀才，文章写得无人能出其右，怎么他也没考上呢？" "这个人虽然学问很好，但是讲话刻薄。据统计，他讲话有两千四百七十多次伤害到别人。"所以告诉大家，人间有警察在管，整个天地之间有神明在管，那个系统比人间还严。你在家里面干什么坏事，警察管不了，但是举头三尺有神明，起个歪念头都不行，所以"慎独"重要。"本来他五十几岁可以做到皇帝的老师，但是因为造的口过太多，考不上了。假如他再不改善，口业超过三千条，他的孩子跟孙子要被记在乞丐簿里面，'积不善之家，必有余殃'。"所以诸位学长，讲话最容易积福，也最容易折福。所以话到口边留半句，想一想，是为后代谋福利再讲；讲出去有伤仁厚，那就不要讲了。

所以"知类通达"，学问贯通，更要落实在处事当中，"强立而不反"。"强"，非常坚强，"立"，屹立不摇，任何境界来都不动摇。面对境界，不迷惑，不被诱惑，就像孟子说的，"富贵不能淫，贫贱不能移，威武不能屈"。

我们想一想这三句话。"富贵不能淫"，现在大富大贵的人，会不会受污染？那些高官太太的鞋子真的超过一百双。我说他们真是富贵烦恼多，为什么？不要说别的，光穿鞋子就是烦恼。告诉大家，钱太多挺麻烦的，知足常乐，够用就好了。所以富贵能够不沾染这些贪着，不容易。"贫贱不能移"，贫贱还很有操守，不动摇，不做不道义的事，不做任何谄媚巴结，违背良心的事情。"威武不能屈"，纵使是面对生死存亡，绝不做违背道义的事情。

南宋朱熹夫子有一个旧疾，脚不舒服。结果有一个人帮他治好了，他非常高兴，就写了一首感谢的诗送给他。这个医生走了没几天，他的病又犯了，他就赶紧让人把信追回来。人家就问为什么，他说我不是生那个人的气，我是怕他拿着我写的东西，人家信任他，他不能把人家医好，或者医错了，那就对不起病人了。不简单，都是想着自己做的事会不会贻害他人。结果这一念心都是为人着想，病没多久就好了。

所以老祖宗讲得很有道理，无畏布施得健康长寿，财布施得财富，法布施得聪明智慧。一个人健康长寿的真因是时时爱护生命，时时为人着想，让人免于恐惧。诸位学长，无畏布施好不好做？每一个人每一天随时随地都能做。保持微笑，叫"面上无嗔"。你面上有杀气，可能朋友已经心情很不好，看到你的脸色，可能三天缓不过劲来。真的，我曾经听一个长辈讲，儿子对他一个不好的脸色，他要三天才缓得过来。你说为人子的怎么能够不柔顺呢？老人家年纪大了，身体又不太好，情绪比较容易波动，这个时候，为人子要时时"怡吾色，柔吾声"。

所以，"强立而不反"是真正落实了圣贤的教诲。"不反"，是任何情况都不违背经典、师长的教诲。"知类通达，强立而不反"，以《大学》来讲就是明明德。

"夫然后足以化民易俗，近者说服而远者怀之。""化民易俗"，跟《大学》相应的，就是"止于至善"。"近者说服而远者怀之"就是"亲民"，亲近人民，然后教化、感化人民，变风俗为良善。有了真实学问，这叫正己，正己自然可以化人。"人之初，性本善"，一接触他，就能唤醒这一份善良。

古代有一个读书人叫许衡。那时候正处于乱世，宋末元初，战乱频频。他有一次经过河南，天气很热，很多逃难的人停下来休息。刚好旁边有棵梨树，水梨，大家就蜂拥而上。结果许衡坐在那里如如不动。这些人看他没什么动作，就觉得不好意思了。有个人就跟他讲："你怎么不吃水梨呢？都赶那么多路了，渴死了，赶紧去摘呀。"结果许衡说："非其有而取之，不可也。"那不是我的，去拿，不好。许衡的话，很厚道。他没有说"非其有而取之，盗也！错也！"没有这么强烈。以前的人讲话含蓄，因为人都有羞耻心，点到为止，"不可也"。这个人接着说了，现在兵荒马乱，这棵树没有主人。许衡说："梨无主，吾心亦无主乎？"树可以没主人，我的心可以没有主人吗？他有没有说人家错？没有。他只是在境界当中守好自己的心，这叫正心。心正而后身修，身修而后家齐，会影响身边的人。许衡有这样的德行、行持，没多久，他那个地方就非常讲廉耻。小朋友看到水果从树上掉下来，都不会去捡，连看都不看，都受了许衡的感化。

以前读书人连一方都能教化，能不能教化一家？所以我们今天学习传统文化，连家里的人都不认同，问题出在哪？《增广贤文》里面说，"亲戚不悦，无务外交"，连亲戚跟我们都处不好，先不要急着结交一大堆朋友，因为我们连自己身边的人都相处、照顾不好，去结交一大堆人，那都是虚荣心。"事无终始，无务多业"，一件事都做不好，就要清楚自己的能力还差得很，就不要想着做好几样事业。从这件事当中看到自己的不足，真实面对自己的五分钟热度，赶紧改正，提升自己。

古代感化他人，都不是用道理压人家，都是做出行为让人家打从内心佩服。管宁先生，他也是教化一方。他管辖的那个地方，只有一口水井，人们为打水经常发生争吵。管宁先生就去买了好几个桶，然后把水打好，放在井的旁边。乡亲一来，本来要抢位子，一看都帮着打好了，不好意思了。没有去指责，给乡亲方便，就把大家的善心给唤醒了。又有一天，他发现一头牛没有管好，跑到人家田里，把人家的庄稼踩乱了。他是当地的父母官，他自己把那头牛牵到路旁，然后站在那里等主人来。那个主人看到管大人，很羞愧。没有指责，都是协助、提醒。他自己家里其实都已经快没有粮食了，但是他宁可自己没得吃，也拿去给乡亲吃。见人子，用孝鼓励他；见人弟，用悌鼓励他；见人臣，提醒他要忠。他这种风范，在当地也是很长远的教化。

"近者说服而远者怀之"，治理的地方是"近"，其他地方是"远"，这是一个说法。另外一个说法是，接触到我们的是"近"，没接触到我们但是听到我们的行持、风范，非常感动的，是"远"。"说服"是打从内心佩服，心悦诚服。真的，在这个时代，一个有真实德行的人住在某一个小区，会有很多的人搬去住。你今天打听到，像大舜一样德行的人住在某某小区，你搬不搬家？闽南有句话说，"千金买田，万金买好邻居。"有大舜这样的德行，聚人可快了。"道之所在，天下归之，德之所在，天下贵之"，稀有、珍贵，"仁之所在，天下爱之"。许哲女士当你邻居好不好？"义之所在，天下畏之"，这个人非常有道义，接触他的人都对他非常尊重、敬畏。

"远者怀之"，时时念着他的风范，希望来归附他，来跟他生活在一起。范仲淹的德行，是到了连敌人最后都迁徙过来，接受他的教化。范仲淹死的时候，敌军哭声传得很远。"远人不服"，他们不服气，"则修文德以来之"。范仲淹虽然是将军，但是他用仁慈心对待敌军，用德行、教化帮他们安家。所以连敌人都能感化，哪有我们身边的亲朋好友不能感化的道理？

"**此大学之道也**"，大学就是要能达到这样的目标，"知类通达，强立而不反"，"化民成俗"，"近者说服，远者怀之"。这个目标，跟《大学》是完全相应的，"在明明德，在亲民，在止于至善"。

"**《记》曰，蛾子时术之**"，"蛾"念 yǐ，跟蚂蚁的蚁是相通的。这里举了一个例子，蚂蚁的孩子，"术"就是学习衔土的能力，衔土练习熟了，就能够做窝了。"时"就代表它勤奋不懈，时时，也呼应了刚刚讲的，一个人学习九年，不可以中断，否则不进则退，可能就前功尽弃了。"**其此之谓乎**"，所以目标要坚持不懈地去努力。

接下来这一段是指大学施教的七个原理。"**大学始教**"，"始"也给我们一个很重要的提醒，学生刚来到大学，就给他最重要的教育、提醒，"慎于始"，他可能就一直保持下去。假如一开始没有把他导正，等他养成错误的态度，再教就不容易了。所以为什么教育要趁小，也是"慎于始"。所以我们整个民族的教育，孩子未出生就开始胎教了。

上一次跟大家谈过"求子三要"，你们有没有去给亲朋好友讲？这么重要的道理，结婚还没生孩子的，一定要跟他讲。这个时间点要抓住。"求子三要"，首先要培养德行，要积福。方以类聚，有德就感好子孙。再来，"胎幼善教"，做好胎教。接下来，三五岁以前，父母给他身教，扎德行的根基。所以有一句话叫"教儿婴孩，教妇初来"，有没有道理？这都是"始"，一开始正确了，对方就循着这个方向去做；一开始没教，错了要再导正，就很辛苦了。所以媳妇嫁过来是"始"，一个人刚到某一个单位也是"始"，你今天跟这个人刚认识、刚交往，也是"始"。第一次见面，你就吊儿郎当，很轻浮，人家以后都瞧不起你，你别怪别人。包括我们的孩子第一天去上课，第一次拿到《弟子规》的课本，都是教育的好机会，让他珍惜经书。

"**皮弁祭菜，示敬道也**"，大家看，这个"敬"字已经出现几次了？这是提醒我们学习者，恭敬是重中之重。"皮弁"是礼服，专门在祭祀至圣先师孔子的时候穿的。"祭菜"是指芹菜、藻这类的菜蔬，用来祭祀孔老夫子。这表示在开学的时候非常恭敬圣人，恭敬圣人传下来的学问，当然也是恭敬教学的老师。"示敬道也"，从一开始就尊师重道。

"**《肖雅》肆三，官其始也**"，"肖"通大小的小，是指《诗经》。《诗经》分风、雅、颂，"雅"又分"大雅"、"小雅"。"小雅"前面三篇是《鹿鸣》、《四牡》《皇皇者华》。《鹿鸣》是叙述天子宴请群臣的景象，《四牡》是指天子迎接出使的大臣回来，《皇皇者华》是天子送大臣出使，其实都是在叙述为国服务。所以这句话的意思是，进大学读书，目标就是为国服务。这些诗就是激发爱国情操，要向这些古人学习。《论语》讲的"学而优则仕"，学得好，出来为人民、为国家服务。所以"官其始也"，就是一开始就让他立定要当个好官、为国服务的目标。

"**入学鼓箧**"，"鼓"是敲鼓，把学生集合起来。那个鼓声"咚咚咚"很收摄人心，让人杂念都没有了，专注于开学典礼。"箧"是书包，打开来把书本拿出来。"**孙其业也**"，很恭敬地面对学问。我们接受圣贤经典教诲非常恭敬、谦退、谦卑，才能受教。"**夏楚二物，收其威也**"，"夏"是指山楸的树枝，"楚"是指荆树的树枝。"夏楚"，教鞭、棍子，挂在教室的某一个地方，告诉大家上课不可以乱来，要有规矩，所以叫"收其威也"。"收"就是让他收敛，不敢造次，然后建立起威仪。假如学生有大的错误，可以用教鞭处罚。现在好像不行了，为什么？一定是发生老师打小孩，小孩不能接受，告到校长哪里去。其实，一个老师假如是真爱这个孩子，教育他，他会不会恨你？往往是我们处罚他的时候是情绪，他可能就不能接受了。我母亲教书教了三十多年，那个时候从没有说不可以体罚。我妈说："奇怪了，教了这么多年，那个打得最凶的，在路上远远看到就'老师好！老师好！'热情得不得了。"为什么？他知道你是爱护他，在教他。我母亲说："反而那个成绩很好的，远远看到，就躲起来了。"挨打的孩子反而比较有感情。

所以处罚孩子不能动气，处罚完孩子，还要让他微笑着离开，因为他理解你是为他好，你是爱他的。然后处罚完，还要告诉他方法，怎么改善，"老师相信你一定会更好。"他又被鼓舞了，是带着欢喜离开。他带着怨恨离开，那会出状况。但在教学的地方，还是要有威严在，不能让学生随便。所以，教学者要有一种威仪；再来，整个班级都要讲究秩序、规矩。

这一节课先谈到这里，下节课再继续，谢谢大家！

第九讲

"夏楚二物，收其威也"，恩威并施，学生才比较受教。其实用任何方法，最根本还是为了孩子好，为了孩子能真正有德行，真正学到东西。这是父母、老师自始至终思考的根本，怎么做才能为这个孩子好，有这份心才能因材施教。

"未卜禘不视学"，"禘"是指天子祭天，是大祭，一般在夏天的时候进行。而且祭祀要先卜卦，决定哪一天祭，祭祀完之后才去巡视国学，看学生学得怎么样。"游其志也"，学习不能常常被干扰。"游"就是学得比较悠游自在，比较宽松，不会动不动就有人来巡视，有人来看，这都会干扰到学习。所以从这里我们看到，大学的教育很强调一种悟性的提升，悟性不像知识，一直灌进去就是学得好。不被打扰，心能静得下来，才能好好地学习。"优游涵泳"不是学得很散漫，是很主动，只是呈现一个很放松的状态，去领纳圣人的教诲。一个人学得很紧张，很紧绷，很难体悟圣贤的学问。

"时观而弗语"，教这些大学生，时时观察他们的情况，但是不要急着跟他们讲很多话，叮咛这个、指导那个，不用太急着跟他们提醒一大堆。教大学跟教小学不一样，小学规矩还没建立起来，所以要叮咛很多生活的细节。大学生已经这么大的年龄，就不要很啰唆，让他在经典当中慢慢去体会。"存其心也"，让他在吸收的过程中，慢慢地去深思、感受，然后自己有所得，很欢喜。你再借由他的感悟去启发他、鼓励他、肯定他，"你这个体悟很好，哪一些事也是同样的道理。"引导他对整个事理的进一步认识。不然悟性还没出来，你给他灌很多东西，有时候会把他的悟门给堵死。

大家注意去观察这个时代，小学生有悟性，还是大学生有悟性？照说悟性应该愈来愈高，可是去做一个试验：到小学讲"二十四孝"，底下的小孩会哭；去大学讲，要找到一个哭的都不容易。他能哭，他的心感悟了，跟圣贤人的存心相呼应。为什么年龄愈大愈哭不出来了？麻木了。他的感悟能力没有被开发，统统是记一大堆知识，把悟门给塞住了。学生这个能力很重要，悟性要不断提升，他才有智慧，才可以活学活用在生活处世当中。

"幼者听而弗问"，"幼"是指后来进班的。他刚来，可能对整个班级的状况还不是很熟悉，对课程也还不是很了解，这个时候先别讲话，别发问一大堆，先了解一下，熟悉一下。然后让学长，学得比较久的人多发挥、多提问，这也是一种伦理。资历最浅，话最多，感觉怪不怪？或者客人到你们家，你儿子话最多，你的话比他少多了，奇不奇怪？以前大人讲话小孩不可以乱插嘴，这是规矩，问了再讲。现在也不管大人讲话的时机怎么样，孩子想讲什么"啪"就出来了，不懂礼貌。所以，对一个求学的人来讲，要比较谦退，不要一到一个地方就非常张扬，张扬就跟谦卑不相应，这对学习非常不利。"谦则受教有地，而取善无穷"，谦卦六爻皆吉。**"学不躐等也"**，"躐"，就是不逾越，有长幼伦常。

"此七者，教之大伦也" 这七点，是教育大的规矩、条理。这七点，无形当中形成一个境教，环境对一个人的教化。他一进学校，祭祀，然后就学"《宵雅》肄三"，志向就能够被激发。到学校去，击鼓，进教室又有"夏楚二物"，非常肃穆、庄重。这一些做法，其实都是为了让学子形成好的心态，在求学当中不被干扰，得到利益。"《记》曰：**凡学，官先事，士先志**"。"官先事"，学子在接受教育的时候，比方说他要学习为官之道，一开始就让他学"《宵雅》肄三"，他为国服务的情操就出来了；"士先志"，读书人先立志。**"其此之谓乎！"** 他的学习就非常有目标，有方向。

我们学习中华传统文化，立志了没有？"为往圣继绝学，为万世开太平。""不知命，无以为君子"，君子要知道这一生的使命在哪里。学习传统文化，首先就要立志，对家庭有什么责任，对社会、国家有什么使命，目标非常明确。所以，这一些教学的方法，都是为了让学者一开始就有非常正确的目标、心态。

下一段，强调教育应该重视教学内容，课程的安排要跟生活结合在一起。"**大学之教也，时教必有正业，退息必有居学。**""时"，古代教育配合春夏秋冬。春秋教礼乐，冬夏教诗书，课程都是一季一季来施教的。比方说春天学礼，那几个月就专注在礼。"教之道，贵以专"，一段时间都很专注，定可以开慧，他一定有悟处。

但我们现在的教育，课程是不是根据春夏秋冬编排？不是。一天就有三四科，第一节语文，第二节数学。现在一节课多久？小学是三十分钟，所以他一天频道要换好几次。大家想一想，这个脑子会呈现什么状况？三十分钟数学，三十分钟英文，三十分钟语文。孩子的脑子都被教坏了，他必须非常紧张地把这些东西都记起来。请问，入不入心？记到什么时候？撑到考试。考完了，全忘了。不是用心去悟的东西记不长久，硬记的东西，忘得也很快。

我们读了十几年的书，是同病相怜，我们是同一个时代的人。"贵以专"非常重要，不断地涵泳，不断地领会，突然就有悟处了。所以我们要深思，我们学了十几年，脑子像糨糊一样，什么也记不起来，那你希不希望下一代继续下去？这么好的教育方法我们不用，统统外国的月亮比较圆。你看现在教成一塌糊涂，所以确实这个时代不理智了。

现在是科学时代，"你觉得这样好，来，你拿证据来。"怎么办？这个时代要弘扬传统文化，得把结果做出来。师长到联合国，把五千年中华文化的智慧告诉大家，以解决家庭、世界的问题。"你讲得真好，可那是理想，做不到。"师长听到这个反应，觉得这个时代产生了信心危机，再不做出效果、做出榜样，人没信心了，所以2005年底在汤池成立了庐江文化教育中心。

我们今天学《礼记·学记》，要恢复老祖宗"教之道，贵以专"这么好的方法，也得做出榜样。谁来做？这个时候，我们常常想起孟子的话，"当今之世，舍我其谁。"不显正，破不了邪，我们有责任把正确的伦理道德因果教育恢复。大家一起来做这个事情，都发这个善念，都勇猛精进提升自己的道德学问，这个缘很快就成熟了。最重要的就是自己心愿的力量，"虚空非大，心王为大；金刚非坚，愿力唯坚"，所以人心愿的力量无可限量。一个学校的硬件好建，更重要的是软件——师资。更多的人发愿来承担这个使命，自然缘就成熟了。

"退息必有居学"，"退息"就是离开学校，下课了。"居学"就是居家学习，课外的用功、研究，不是下了课就把学问抛在脑后了。

课程安排，还非常注重基础的扎根。**"不学操缦，不能安弦"**，"弦"是指琴瑟之类的乐器，"安弦"是指学音乐，"移风易俗，莫善于乐"，音乐特别能陶冶人的性情。"操缦"就是指法，指法纯熟了，乐曲才能弹得顺畅，这叫基本功。学书法，"永字八法"就是基本功。学唱歌，什么是基本功？"啊"都要唱得非常稳、非常准。基本功不扎实，急于求成，到最后就学不上去了，就好像树根没扎稳，长不大。所以人在学习的时候，最怕的就是急躁，不老实扎基础。

"不学博依，不能安诗"，"博依"是广博的譬喻。《诗经》里面有很多的譬喻，还有很多的常识，鸟兽草木。人懂得用故事、用譬喻，就能跟人更好地沟通，人家能更好地理解这个道理。一个人温柔敦厚，诗教起了一个很好的作用。而且诗言志，年轻人学诗，他的情感、志向很自然就被引发出来了。

"不学杂服，不能安礼"，"杂服"有两个意思。一是指很多的礼服。家族聚会的乡酒礼、婚礼、祭至圣先师孔子的礼，穿的服装都不同。能够了解这些规矩，就能把礼教学好。"杂服"第二个意思是，一个人在家，怎么服侍父母、长辈；在学校，怎么侍奉老师。洒扫应对进退，这些都要学习。

"不兴其艺，不能乐学"，"兴"是喜爱，"艺"指"操缦"、"博依"、"杂服"。学的东西很丰富，不会很单调，喜欢学，就会乐在其中。而且我们老祖宗很强调"寓教于乐"，生活上的礼仪、规矩、教育都含摄在里面，包括庆典，好像很热闹，但都有教化人的意义。中秋节那一天我们中心办了祭月的活动，来了两百多个家长。八点开始祭月。还没八点的时候，月亮还没出来，还有很多乌云，八点前后月亮出来了。祭祀完之后，几乎找不到乌云，整个天空非常明亮。所以真正用至诚恭敬的心，都能感动万物、感动神灵。为什么祭呢？感恩，天地日月对万物都有养育、照顾之恩。所以我们中华民族是最不忘本的。丰收了，祭五谷神；有水喝，祭河神。时时都把感恩的心提起来。

祭祀的时候很恭敬，在祭月仪式当中，都是想着月神的恩德，一个杂念都没有。大家假如要修清净心，在祭祀当中去感受，仪式对人的教化是非常深刻的。我在庐江的时候，每一年的除夕都祭万姓祖先，每一次都感觉得到祖先来了。就像孔子在《中庸》里面讲的，"如在其上，如在其左右"，诚则灵。所以，在参与这些活动的时候，会很欢喜，很有收获。

"艺"再延伸，指儒家讲的"六艺"：礼、乐、射、御、书、数。学习这些技艺，就是寓教于乐。我们看射箭，怎么才射得好？全神贯注！人在射箭当中把专心致志、全神贯注养成，他以后读书、做事都有很好的态度。一个孩子专不专注，影响到他以后事业的成败。心都定不下来，以后一定没成就。"书"，写书法，一分心，就没法写了。书法的间架结构，都要很敏锐。这个敏感度、心态形成了，做事就有章法，不会乱。这都是锻炼和提升自己的心性。"乐"，大家弹过古筝没有？弹古筝要整个融入音乐，心静下来。"御"，大家有没有驾过马车？驾一匹已经不容易了，他要四匹一起驾。把马驾驭得很温驯，跑得很有默契，没有很高的修养，做不到。哪一匹不听话你就火冒三丈，"气死我了，气死我了！"那就翻车了。

通过学习这六艺，提升心性，叫"游于艺，依于仁"。请问大家，驾车是不是培养为人着想？现在没马可以驾，有车可以开，同样的道理。你能不能在开车的时候，完全为车上的人着想？不要你一开车，所有的人统统很紧张，那就不仁慈了。或者你踩刹车的时候很没技术，一踩很大力，车上刚吃完饭的就吐了。真的，我曾经遇过朋友开车，踩刹车踩得很频繁，每一次踩都很急，让人家晃来晃去的。他本身也是不容易放松的人。

所以看一个人开车可以看他的修养。开车的时候，顾及车上人的感受，他就不会踩得很急促，会比较缓和。而且人开车的时候要看远一点，不要只看眼前那个红绿灯，心里有个准备，应对的时候会比较从容。

"故君子之于学也，藏焉修焉，息焉游焉"，把学问时时怀抱在心中，叫"藏焉"。这就像颜回的态度，"得一善，则拳拳服膺而弗失之矣"，得到一个好的教诲，时时放在心上。"修焉"，"修"就是修行，就是落实。把这些学问放在心上，一跟人相处，马上做出来。而且不懈怠，离开老师了也是这个态度，发愤忘食，很积极地修行。"息焉"，休息的时候，也想着这些教诲。我们那时候读书，盼啊盼啊，每次就是盼着赶快放假。一放假，先玩它一个礼拜，玩个痛快。一个礼拜以后，学问不知道飘到哪里去了。《中庸》讲"道也者，不可须臾离也"，我们学圣人的教诲，孝心可以忘吗？爱心可以忘吗？恭敬心可以忘吗？这些心境是时刻不忘，时刻提得起来。

孟子讲，"君子所以异于人者，以其存心也。"君子跟一般人差别在哪？存心不同。君子是时时以仁存心，以礼存心。"君子以仁存心，以礼存心；仁者爱人，有礼者敬人；爱人者，人恒爱之；敬人者，人恒敬之。"学问就是时时要爱敬存心，休息的时候，也不忘这些教诲。"游焉"，我们常说，读万卷书，行万里路，在游玩的过程当中，也在印证所学的东西。

"夫然"，"夫"是发语词，"然"就是如此的意思，假如他如此来求学的话。**"故安其学而亲其师"**，他很欢喜、很安于学习这些学问，而且很喜欢去亲近老师，可以把一些感悟告诉老师，一些不明白请教老师。**"乐其友而信其道"**，非常喜欢同参道友，而且对所学的道理深信不疑。一个人对所学的道理能深信不疑，一定是因为力行之后有很多的印证、感悟。

大家相不相信"爱人者，人恒爱之；敬人者，人恒敬之"？还不相信，就是爱得太少，敬得太少。你真正去这么做了，确实如此。老子说："既以为人，己愈有；既以与人，己愈多。"你愈为人着想，自己愈来愈有；你统统给别人，自己愈来愈多。大家相不相信？"我给他了，那我不就没了吗？"那你对老子这句话，就感觉不深刻了。真的，你完全不为自己了，就体会得更深。

我的师长就是一个好榜样，他完全没有为自己想，全部施与有缘的大众，他自己拥有的福报更大。大到什么情况？不需要钱的时候没钱。钱放在口袋里一来有重量，挺累的；二来带得太多，比较紧张。所以财富最自在的状况就是，不需要钱时没有；需要的时候，要多少来多少。这是每一个人都可以达到的目标。大家要不要试试看？你试了才能"信其道"。你完全没有自己，没有自私自利，一切都是大公无私，就能够体会老子这段话。说实在的，真正发心"为往圣继绝学"的人，他很快就可以知道这个道理。他还没做多少，走到哪人家都照顾，那不是愈为人，己愈多嘛。

"是以虽离师辅而不反也"，所以他虽然没有在老师的身边，但是不会违反经典和老师的教诲。"《兑命》曰"，《尚书·兑命》说道，**"敬孙务时敏，厥修乃来"**，"敬"，敬重学业。"孙"，同"逊"，虚心受教，很谦逊。"务"，就是学习的决心，务必要这样下功夫。"时"，把握时间，要及时。"敏"，精进不懈。每个字都是重要的心态。"厥修乃来"，我们这样下功夫了，就能真正把学业学好，所修之业乃得完成。**"其此之谓乎"**，就是这个意思。

我们接着看下一段，这一段是说当时一些不理想的教学状况，教学的效果不彰。"今之教者"，现在有一些教学状况，**"呻其占毕"**，"占"是笘的假借字。"占毕"就是书简。教学者就只是读着书本，"呻"是吟诵、读诵。**"多其讯言"**，"讯"念suì。我们刚刚强调，大学里面的孩子已经十五六岁了，你要让他好好去涵泳这些学问，而不是填鸭式给他讲一大堆，以免把他的悟门给堵住了。"多其讯言"就是老师话太多，很啰唆，没有让学习者自己去涵泳、领纳。

"及于数进而不顾其安"，"数"念shuò，跟"及"一样，都是很急的意思，急于让他进步很多。孔子讲"欲速则不达"，我们要了解，教育跟生产产品一不一样？你看制造业，东西你把它放好，"喀"，产品就出来了。教育能不能这样？不行。所以我们误解了人的学习状态，连人都当产品。数学给他灌什么，英文给他灌什么，灌好了就出来一个成绩好的孩子，让他达到所谓的标准，英文是什么标准，数学是什么标准。

这样教，跟不上那个标准的人会怎么样？觉得是坏学生，没有发展潜力，把他编到后段班，就把他否定了。所以我们的教育本身就不是很妥当，教育应该是行行出状元，结果现在教育是要考高分。考不到呢？补习，留下来，一张考卷一考再考，学生硬记这些东西，考出来成绩有什么意义？你吃不下硬给你塞进去会怎么样？吐出来。这很正常嘛。

你看真正数学、英文都考高分的人，一定优秀吗？他的心性我们没关注到，一直压他，他的得失心愈来愈重，考试少考两分都哭半天，我就是其中之一。无形当中心理素质就差，输不起。其实说实在的，那个成绩比较差的，还比较不容易自杀；成绩都是第一名、第二名的，反而自杀率比较高。所以大家想想，谁比较危险？反而是那一些看起来很好，事实上内心已经生病的人。没有按照自然的方式因材施教，急于求成，就会产生很多状况。我们这个时代的人，几个人心理健康？成绩不好的自卑，不然就是"要你管"；成绩好的傲慢、嫉妒。这都值得我们深思。

再来，大家有没有观察过，很多人学习成绩到某一个阶段就上不去了。他初中成绩很好，高中不行了，为什么？因为吸到饱和了，到极限了。但是很奇怪，也有的初中、高中不读书，爱玩，但是心理健康，被老师打屁股还笑一笑，他就是不开窍，可是到社会工作几年，想读书了，一读，成绩不错，后来还拿个博士学位。每一个人开窍的时间不同，怎么可以把他当产品这样"喀、喀"？

真的，我感觉现在都是把人当机器，工作五天，机器要休息了，所以放假了，休闲一下。人六十岁就没用了，要退休了，用旧了不行了。人假如是用服务的心、爱心去工作，他就乐在工作，哪是这样的逻辑？所以现在人的思维真的不把人当人看。人是活的，智慧跟经验应该愈来愈提升，愈活愈有价值！

所以一个思维错误，对整个社会人心都造成负面的影响。现在老人走在路上特别紧张，感觉年轻人觉得他没用。假如我们都是教育孩子，老者有智慧，老者为家庭、社会奉献最多，那年轻人看到老人，赶紧跟他挖宝！我记得我们小的时候到那个庙口，都是听老爷爷"讲古"，讲很多历史故事，我们都听呆了。

"而不顾其安"，"安"跟前面相呼应，太急于求进度，急于求成，学习就不能安弦、不能安礼、不能安思。学习都要扎基本功，你很急，基本功都扎不好。现在很多学习，比方说学古琴、古筝、学书法，怕的是什么？功利，一讲功利就陶冶不了性情。有一些教书法的，"学三个月保证让你比赛得名次"，要不要学？真正学三个月得名次，他学到什么？学到一个"壳"。有没有提升心灵，涵养性情？没有。壳有什么用？好看。好看多久？看不了太久。这种学习不会激发学习者内心的喜悦，反而觉得很难过、很难受，烦死了，为什么？硬是要他赶快学成，不自然，这叫"揠苗助长"。

我曾经看了一个报道，一个学钢琴的女孩比赛得了第一名。那是比较大型的比赛，记者就问她："你得了第一名，你现在最想做什么事情？"那个小女孩板着一张脸："我最想把那个琴给砸了。"大家想一想，爸爸妈妈拿了一张奖状，最后孩子想把琴给砸了，请问这张奖状有什么意义？有，面子好看，"你看，怎么样，我女儿得了第一名。"人现在真的是只顾眼前，顾不到自己的心，也顾不到孩子、学生的心。幸不幸福，是心决定的，不是学历、外在条件决定的。我们教育孩子，不就是让他走上幸福人生？他的心都病了，他怎么幸福？所以"不顾其安"，愈学愈痛苦，愈学愈不扎实，愈学愈浮躁。

"使人不由其诚"，在教导的过程当中，老师看这个学生比较顺眼，对着他都笑嘻嘻，看另外一个学生就板着一张脸，这就不真诚，学生会感觉差别待遇，心里很难受。"使人不由其诚"还有另外一个说法。阐述一个道理，没有办法通透，学生不能悟到内在的道理，不能达到举一反三的效果。学一样只会一样，做一件事只会一件事，教得就比较死板。有时候看起来他是学一样好像会一样，可是他不会变通，反而变成固执。**"教人不尽其材"**，没有了解到学生的材性，没法因材施教。**"其施之也悖"**，"施"就是施教，给予孩子的教育违背了自然的轨迹，违背了教学的顺序。教育要由浅而深，由易而难，你不能一下子**"及于数进"**，让他消化不了。**"其求之也佛"**，对学生的要求不合理。

"夫然"，"然"就是假如。假如教学者这么教，会产生什么结果？**"故隐其学而疾其师"**，"隐"就是痛苦，他很担忧，"怎么又要学了？""疾"是怨恨。**"苦其难而不知其益也"**，苦于学习的困难，没有办法明白，都堵塞住了，觉得很难突破，也不知道学问的益处。**"虽终其业"**，"终"是读完，"业"是学业。**"其去之必速"**，所学的东西很快就忘了，甚至于连看都不想看了。大家看到这一句的时候有没有心有戚戚焉？我注意到，大学联考最后一科考完，钟声一响，考生一出来，"解放了"，书包就从那个三楼四楼丢下来了。**"教之不刑"**，教育不能有很好的成就。"刑"跟模型的型是相通的，不能成型就不能产生好的效果。**"其此之由乎"**，可能就是因为这些情况，教育不能达到好的效果。

所以教育不能达到好的效果，原因在哪里？第一个，教学者有没有以身作则？我们自己没做到，要求学生，学生不服。教学者心态真不真诚？方法得不得当？教育者有没有无尽的爱心？不然教一下，学生不受教，他就生气了，就不教了，就放弃了，这个心态就不对了。所以一个教学者，怎么评判他好不好？修养，这是很重要的一个评判标准。老子讲："圣人常善救人，故无弃人；常善救物，故无弃物。"所有的读书人，都是以希圣希贤为志向，我们要学习圣贤人，对一切人有爱心，不放弃任何人。我们教育工作者，如果放弃人，就背离了教育的心态。在一个学校里面，成绩好跟不好的，我们要一视同仁去爱护，这个心是对的，是有修养的，学生也才能学到德行。假如老师对成绩好的好，忽略成绩不好的，心态错了，所有的学生都学错了。成绩好的傲慢，成绩不好的自卑或者怨恨，不认同老师。一个人会反父母、反老师，以后他就会反社会。所以老师的修养直接影响学生的心态。

我们接着看下一段，讲教学的四种成功的方法跟六种失败的方法，这对一个教学者来讲很重要。我们也顺便对照一下，我们自己所用的方法是不是正确的。"**大学之法，禁于未发之谓豫**"，"禁"是防止，"发"是指一些不好的欲望。在还没有发出来的时候，就懂得先把他导正，长他的善，就不会产生这些坏毛病，这叫"豫"。就像医学一样，还没等生病就先预防。

孔子提到，"君子有三戒：少之时，血气未定，戒之在色；及其壮也，血气方刚，戒之在斗；及其老也，血气既衰，戒之在得。""戒之在得"就是要去贪心；"戒之在斗"就是要去傲慢，去跟人争斗的心、跟人比高下的心；"戒之在色"，要有正气，不被邪气所牵。我们从小就要让孩子懂得不贪色，不贪心，不患得患失，不跟人争、跟人斗，从小就懂得让，懂得知足常乐，懂得重德不重色，懂得"天道祸淫最速"，不洁身自爱的人，他的祸患很快就到了。这都属于"禁于未发之谓豫"。

从心地上讲，《弟子规》没有一句不是"禁于未发"。比方说"父母呼，应勿缓"，禁什么？禁不恭敬啊。你不长他的恭敬，不恭敬就来了。爸爸妈妈叫，他在那里拖拖拉拉，这就"发"了。"置冠服，有定位"，算不算禁于未发？算啊，他还没有养成东丢西丢的坏习惯以前，就让他养成好习惯，"长善"，就是"救失"，就是"禁于未发"。尤其是"斗闹场，绝勿近"，"非圣书，屏勿视"，用"绝"、"勿"的就是很严重的，你一犯就麻烦了。

"**当其可之谓时**"，这个属于机会教育点。比方说，一个人小的时候，他的精神特别集中，要让他多背一些圣贤经典。这个时机错失了，等到他二十岁，成年了，他的思想比较不集中，这个时候要再背，就不容易了。像我们三四十岁再来背容不容易？辛苦哦。不过这个时候就不要想着辛苦，要想着"精诚所至，金石为开"。我们中心的董事也是五十岁才开始背，现在请他讲话，他一定是"老子说，上善若水……"背得很高兴。所以障碍还是在自己的心。

再比方说，孩子不会，你刚好可以协助他；犯了错，你刚好可以教导他；患得患失，心情不好，这都是机会点。所以会教育的人，没有一件是坏事，他可以通过这件事教育自己、教育别人。烦恼跟觉悟是一念之间，引导孩子觉悟了，一件所谓的坏事，就会成为他一辈子最重要的叮咛，甚至会成为他去叮咛别人很重要的一个经验。

"不陵节而施之谓孙"，"陵"就是逾越，"节"就是节度、分寸。不超进度，能循序渐进。说实在的，每个学生可能都有差异，吸收能力、理解力都不同。"及于数进而不顾其安"，就是没有顾及孩子的吸收状况。所以这个"孙"就是渐进法，循序渐进，考虑到学生的年龄、资质，教材难易适中，不要一下子教太难的。"相观而善之谓摩"，互相观摩，互相效法学习，这叫观摩法。"摩"有切磋的意思。

"此四者，教之所由兴也。"这四个教学方法，是教育之所以能成功的原因。这是方法，方法一定要跟什么相应？心境，心行一如。不然方法很好，心没到位，人家还是很难接受。所以"禁于未发"是完全为孩子着想的心，不是变警察，"哎呀，被我抓到了。"强压会有反效果。"当其可之谓时"，那都是爱护他的心，在状况出现的时候，很柔软地去协助，然后引导他。假如学生很浮躁，你桌子一拍，"你又来了！"那机会点就没有了。"不陵节而施"，一个教育者要放下急于求成的急躁态度。"相观而善"，老师要有时时跟一切人、事、物学习的心境，才能带动孩子。所以一个教学者的心境、修养到位了，才能把这些方法用得更好、更纯熟。

好，今天这节课先跟大家交流到这里。谢谢大家！

第十讲

诸位学长，大家好！

这几次课程，我们一起学习《礼记·学记》。谈到教育，我们常听到一句话，"十年树木，百年树人。"教育是大事，而且教育不是容易的事。我们中华民族有五千年的经验、智慧，五千年的方法，还有五千年的效果，历代都出圣贤人。所以我们应该很珍惜老祖宗的智慧，要把它传下来。

上一节课，我们谈到个人读大学的目标："一年视离经辨志，三年视敬业乐群，五年视博习亲师，七年视论学取友，九年知类通达，强立而不反。"接着又谈到教育的七个大伦，开学仪式，对一个人学习的态度都有深远的影响。我们现在的人看古代这些教育的方法、内容，有时候还不能理解深意，所以学习很重要，学习才能体会到老祖宗的智慧、用心。还提到教学的内容，包括音乐的教化，"不学操缦，不能安弦"；诗歌的教育，"不学博依，不能安诗"；还有礼教，"不学礼，无以立"，人学了礼教，才知道如何为人子，如何为人弟，如何为人臣，如何当学生，应对进退之礼，他才能明白。现在的人都不懂规矩，就是没有礼的教化。

我们来看一篇文章，王阳明先生的《训蒙大意》，来体会一下这几个教育内容的重要性。"蒙"就是植物刚发芽，比较脆弱。"训蒙"，怎么样呵护它，养育它。

古之教者，教以人伦；后世记诵词章之习起，而先王之教亡。今教童子，惟当以孝悌忠信礼义廉耻为专务。其栽培涵养之方，则宜诱之歌诗，以发其志意；导之习礼，以肃其威仪；讽之读书，以开其知觉。今人往往以歌诗习礼为不切时务，乌知古人立教之意哉？大抵童子之情，乐嬉游而惮拘检。如草木之始萌芽，舒畅之，则条达；摧挠之，则衰萎。今教童子，必使其趋向鼓舞，中心喜悦，则其进自不能已矣！故凡诱之歌诗者，非但发其志意而已，亦所以泄其跳号呼啸于咏歌，宣其幽抑结滞于音节也。导之习礼者，非但肃其威仪而已，亦所以周旋揖让而动荡其血脉，拜起屈伸而固束其筋骸也。讽之读书者，非但开其知觉而已，亦所以沉潜反复而存其心，抑扬讽诵以宣其志也。凡此皆所以顺导其志意，调理其性情，潜消其鄙吝，默化其粗顽，日使之渐于礼义而不苦其难，入于中和而不知其故也。若近世之训蒙稚者，日惟督以句读课仿，责其检束，而不知导之以礼，求其聪明，而不知养之以善。鞭挞绳缚，若待拘囚；彼视学舍若牢狱而不肯入，视师长如寇仇而不欲见。窥避掩覆以遂其嬉游，设诈饰诡以肆其顽鄙，偷薄庸劣，日趋下流，是盖驱之于恶而求其为善也。何可得乎？凡歌诗，须要整容定气，清明其声音，均审其节调，毋躁而急，毋荡而嚣，毋馁而慑，久则精神宣畅，心气和平矣！凡习礼，须要澄心肃虑，审其仪节，度其容止，毋忽而惰，毋沮而怍，毋径而野，从容而不失之迂缓，修谨而不失之拘局，久则礼貌习熟，德性坚定矣！凡授书，不在徒多，但贵精熟。量其资禀，能二百字者，止可授以一百字。使其精神力量有余，则无厌苦之患，而有自得之美。讽诵之际，务令专心一志，口诵心惟，字字句句抽绎反复，抑扬其音节，宽舒其心意。久则义理浃洽（jiā），聪明日开矣！

"古之教者，教以人伦"，点出教育的重要内容五伦大道。"后世记诵词章之习起"，功利色彩起来了，虚荣心起来了，觉得记诵、很会写文章就很厉害，就是成才。"而先王之教亡"，真正教人成圣成贤的方法、教导，反而忽略了。"今教童子"，现在教小孩，"惟当以孝悌忠信礼义廉耻为专务"，"专务"就是核心、重点。我们多次提到，所有社会的问题，其实都是缺德的问题。这八个字可以解决所有家庭、社会以及世界的问题。

"其栽培涵养之方，则宜诱之歌诗，以发其志意"，以诗歌来引发学生的兴趣、情感、志向，他学得很有方向，很有乐趣。"导之习礼"，又用礼来教他规矩，"以肃其威仪"，这个人中规中矩，不会轻浮，不会随便。大家假如到初中、高中校门口前站十分钟，现在十几岁的孩子稳不稳重？光是穿衣服，就琳琅满目了。看他们的头发，更是鹤立鸡群，什么情况的都有。彼此打来打去的，很轻慢，闽南话叫"无仔"，就是没有人样子。这就是没有教他礼仪，没有威仪。女子尤其要端庄，假如她很轻浮、随便，这个世界就乱了。不是对女子要求多，大家冷静想一想，男子比较容易冲动，女子庄重的时候，男子不敢造次。女子一随便，男子本身容易冲动，那就兵败如山倒。现在因为男女问题，很多家庭都受到很大的困扰，所以女子的教育不可忽略。习礼，人就懂得自重，又懂得尊重他人。

"讽之读书，以开其知觉"，"书"是指经典。常常读诵经典，不断地熏习，就知道是非善恶。而且书读百遍，其义自现，慢慢地经义就浮现出来了。人本来就有智慧，静了以后、定了以后就开智慧。心浮气躁，什么智慧都起不来。

"今人往往以歌诗习礼为不切时务"，现在的人觉得学《诗经》，学礼教是不切实际，学一些技能最好，看得太浅。"乌知古人立教之意哉？"他不明白古人教这些经典的深意在哪里。"大抵童子之情，乐嬉游而惮拘检"，"惮"就是害怕，小朋友很害怕把他管得死死的，他都憋不过气来了，所以要顺着孩子的性情。"如草木之始萌芽"，草木刚开始发芽的时候。"舒畅之，则条达"，要顺势而为，不要压它，枝条慢慢才长得很好。"摧挠之，则衰萎"，压制他就衰败枯萎了。"今教童子，必使其趋向鼓舞"，要让孩子愈学愈欢喜愈鼓舞，想学。"中心喜悦，则其进自不能已矣"，学得很高兴，他自己不断地前进，谁都不能让他停下来。他是"学而时习之，不亦说乎"，这样才是对的。真的有收获、欢喜的时候，就很主动学习了。

"故凡诱之歌诗者"，用诗歌、《诗经》来引导孩子。"非但发其志意而已"，《诗经》里面很多文章都可以唱，可以把一个人的志向、情感抒发出来。不只达到这个效果，"亦所以泄其跳号呼啸于咏歌"。小朋友唱啊唱，精力就宣泄掉了。他本来就好动，然后你把他每天都管得像牢犯一样，最后他就什么样？妈妈在的时候好乖，妈妈不在的时候，"哇，今天是快乐的日子！"那就教成阳奉阴违了。**"宣其幽抑结滞于音节也"**，所以，不要让他一直憋，气血都不通。所以老祖宗是很懂人性的，不是电影里面的，带着一副眼镜，拿着一支棍子，很古板，这都是误解了。

"导之习礼者"，"习礼"意思很广，包括习劳，"黎明即起，洒扫庭除"，这都是为人子的本分。**"非但肃其威仪而已"**，不只是让他行住坐卧有威仪。**"亦所以周旋揖让而动荡其血脉，拜起屈伸而固束其筋骸也"**，习礼还可以让他经脉通畅，身体强壮。大家注意，古代男子都很强壮。你看，夫子很有气质，可是他拉起弓箭来，可以射穿七重铁甲，文武双全。

"讽之读书者"，读诵这些经典，**"非但开其知觉而已"**，不只可以分辨邪正善恶，**"亦所以沉潜反复而存其心"**，读的这些经句慢慢沉淀，突然有一天就悟到了。**"抑扬讽诵以宣其志也"**，通过这些经典的教诲，慢慢地他的志向愈来愈明确，愈来愈远大。

"凡此皆所以顺导其志意，调理其性情"，都是顺着人性，循序渐进地来教导他，不是压抑，也不是很死板。**"潜消其鄙吝，默化其粗顽"**，都是在无形当中，把他一些坏的习性给化掉。**"日使之渐于礼义而不苦其难"**，懂得知礼知义了，学得很欢喜很融入，不觉得很困难。**"入于中和而不知其故也"**，性情中和，但也不知道什么时候变成这样，潜移默化。

"若近世之训蒙稚者"，近代这些教小孩的老师、父母变成什么样？**"日惟督以句读课仿"**，都只是督促他记一些句子，"仿"，写书法，逼他做这一些作业。这一段跟我们之前讲的那一段相呼应，"今之教者，呻其占毕，多其讯言，及于数进而不顾其安。使人不由其诚，教人不尽其材。" **"责其检束"**，拿一些规矩，每天就盯着他，像警察一样。**"而不知导之以礼"**，不知道把这些礼教融合在每天生活的细节里面，让他自自然然地学会。**"求其聪明"**，都希望把他教得很聪明。**"而不知养之以善"**，现在的孩子头脑反应很快，但是不知道什么是善恶。而且，假如他做得不好，或者提升得太慢，**"鞭挞绳缚"**，就打他、绑他、推他。**"若待拘囚"**，好像对待犯人一样。**"彼视学舍若牢狱而不肯入"**，这么逼到最后，孩子觉得教室就像监牢一样，不敢进去了。**"视师长如寇仇而不欲见"**，老师变仇人，见都不想见。**"窥避掩覆以遂其嬉游"**，偷偷地逃避掩饰，找机会玩，**"设诈饰诡以肆其顽鄙"**，找很多借口，很多谎言，就为了能够让自己不要读书了，可以出去玩，可以出去放纵。**"偷薄庸劣"**，"偷"是偷偷的，"薄"是渐渐。我们有一个成语叫"日薄西山"，"薄"也是渐渐的意思。**"日趋下流，是盖驱之于恶而求其为善也。何可得乎？"** 这样逼迫的方式，慢慢让他趋向于邪恶了，还想让他愈学愈善良，怎么可能做得到？

"凡歌诗，须要整容定气，清明其声音"，在教诗歌的时候很讲究，声音要适中。**"均审其节调"**，跟人配合，唱的时候要不疾不徐，音要抓得准。**"毋躁而急，毋荡而嚣，毋馁而慑，久则精神宣畅，心气和平矣"**，每天都唱这些善歌，陶冶性情，精神也会非常好。勿躁、勿急，唱歌也是在调伏急躁，慢慢把放肆、放荡的性情化掉。诗歌很能鼓舞人，久之会让人很有精神，很有人生方向。

"凡习礼，须要澄心肃虑，审其仪节，度其容止"，习礼的时候心要很定。比方说鞠躬、祭祀，心都是非常专注的。然后常常观照自己的一举一动，很知道分寸。**"毋忽而惰，毋沮而怍，毋径而野。从容而不失之迂缓，修谨而不失之拘局。久则体貌习熟，德性坚定矣"**，有了礼教，德行就有根基了。大家可以去感受一下，习礼之人，精神面貌很好。他不会很随便，很懒惰，不会看起来很沮丧、很没精神，而且他很从容，不拖拖拉拉的；他很谨慎，但不让人觉得拘谨。应对进退都非常得当。

"凡授书，不在徒多"，读经不是要他背很多。**"但贵精熟"**，要能非常专精、熟悉这些教诲。**"量其资禀，能二百字者，止可授以一百字"**，衡量资质状况，每一天可以背两百个字的，就让他背一百好了。**"使其精神力量有余，则无厌苦之患"**，他觉得学得不难，能力会慢慢提升。现在这个时代就是急于求成，揠苗助长，他就愈学愈苦。**"而有自得之美"**，觉得有心得，很从容。

"讽诵之际"，在读诵经典的时候，"务令专心一志"，很专注地去读，"口诵心惟"，读诵的时候很自然提起一种观照自己的态度。"字字句句抽绎反复，抑扬其音节，宽舒其心意"，以前的人在读经的时候，很自然地就摇头晃脑，读得很有味道。"久则义理浃洽"，"浃洽"念jiā qià，就是很周全，了解得更多。读诵久了，对义理慢慢就能融会、体悟。"聪明日开矣！"

这一段，古人把教诗歌、教礼对孩子的长远影响，还有顺着孩子的性情来教，分析得很细。所以，我们要把五千年的文化教育重新恢复，得要下很大的功夫。

好，我们回到《礼记·学记》。刚刚这一段，提到教学不妥当的方法，跟《礼记·学记》所讲的差不多。学生把老师都看作仇人，然后一毕业什么都忘了，好像终于解脱了一样。我们这一代人，四十岁上下的人，基本上都是这么过来的吧？我记得我念初中、高中，一天考好几科，那真的是有时候都想拿头去撞墙。那个时候就觉得，怎么这么教，怎么这么读书，太苦了。所以我自己当老师的时候，我就提醒自己，不能再这么教了。但是问题来了，不能这么教，要怎么教？

有一个父亲，他小时候爸爸太严格，让他很痛苦，然后他就告诉自己，自己当爸爸不能这么凶，不能常常动气了就打人，一定不能像爸爸那样。结果孩子出生了，过了几年，他非常痛苦。他说，我教我儿子的状况，跟我爸差不多，我很痛苦，我不想这样，结果还这样。潜移默化。

有一个父亲，儿子还不大会讲话，他就很急，把他儿子抓起来："叫爸爸，叫爸爸。"结果过了一段时间，他儿子会说话了，有一天把鸡抓起来："叫爸爸、叫爸爸。"所以对的也在学，错的也学。父母脾气大，无形当中就已经传给孩子了。这个恶性循环，我们这一代不能再继续了，一定要以经典为师。

我们也谈到了正确的教育理论、方法。"大学之法，禁于未发之谓豫"，预防法。"当其可之谓时"，机会教育点要抓好。"不陵节而施之谓孙"，循序渐进。"相观而善之谓摩"，相互观摩。其实这每一句，在家庭、在生活、在学校，随时都可以用。我们看"相观而善"，哪个同学表现得好，老师马上抓住这个机会，"某某同学非常孝顺"，"某某同学非常热心地帮助同学"，大家一听，就效法他的行为。

我们也提到，《弟子规》每一句都跟这些经句是相应的，每一句都是在防止不好的心态。比方说，"父母呼，应勿缓"，防止他不恭敬父母，这叫"禁于未发"。今天他跟妈妈讲话的态度不对了，拖拖拉拉了，爸爸看到了，马上把孩子叫到旁边去，"小朋友怎么可以对妈妈这么无礼？""当其可之谓时"，"不陵节而施"，你要用他能理解的言语去教他，几岁的孩子就用几岁的话。所以这一些教学精神，其实我们为人父母、老师，随时都在用。

上次也跟大家提到了，能看得很远，有防微杜渐的智慧，才能"禁于未发"。"当其可之谓时"，也要对教育很敏感，知道这个时候不提醒，他就偏颇了，态度就不对了。还有，当孩子、学生犯错误的时候，我们能不动情绪，才能抓住这个机会点教他。所以又要有智慧判断，又要有修养，不然孩子一犯错，我们火气马上来了，"啪"一巴掌过去了，不要说教育了，那都是反教育了。真的，我们学校有一次开运动会，我妈妈在我们学校教书。我在操场里面，我妈妈就站在操场外面，我一看到妈妈就很高兴，就如入无人之境，人家还在比赛，我就冲过去要找我妈妈。结果冲到一半的时候，突然有一个男老师站在我前面，"啪"，一巴掌就下来了。我那个时候真的东西南北都搞不清楚，看到妈妈那个欢喜，然后被一巴掌打得晕头转向。

当下你可以先问问这个孩子嘛，他或许动机是好的。先问一下，才不容易错怪他。纵使他真的错了，他可能是无意的，赶紧提醒他，引导他，让他记取这一次教训。我那一次，什么也没记得，只记得晕头转向。幸好我脾气不大，不然以后看到这个老师，一定是瞪着他看，"你给我记住，等我拳头比你大……"心智就愈来愈不健康了。所以教孩子还是要有耐心，不能一下子处罚就来了。

"相观而善之谓摩"，时时引导孩子看别人的优点。首先，父母、老师要时时能看到他人的优点，孩子就很自然地抓住每一个机会，效法学习。假如父母、老师常常看历史，都跟五千年来的圣贤人学习，孩子的阅历就丰富了。古今中外一些好的榜样，他都可以学。而人一有好的榜样，就肯努力上进。

之前一直在跟大家强调，教学的内容要以德行为主，尤其是伦理道德因果教育。因果教育让人懂得善有善报，恶有恶报，这样就不敢作恶，这就是"禁于未发"。现在的人为什么什么都敢干？天不怕，地不怕，他觉得做坏事没有恶报，死了什么都没有了，所以肆无忌惮地放纵欲望。古人，五千年来都懂得恶有恶报，才会有畏惧心。所以"五经"里面都有善有善报，恶有恶报的教诲。《诗经》告诉我们，"上帝临汝，日监在兹"。老天爷时时都看着你，每天都在鉴察我们的所作所为，都做记录的。道家讲"善恶之报，如影随形"，"祸福无门，惟人自召"。《书经》告诉我们，"作善降之百祥，作不善降之百殃。"

其实现在个人的命运，以及国家社会的命运，都在能不能明善恶果报之理。现在天灾人祸很多，根源在心不善，"作不善"就"降之百殃"。现在的人不只殃及自己，殃及子孙的缺德事都做出来了。人偏离伦理道德，社会当中怪现象就愈来愈多了。

不只要了解因果报应，还要了解人与天地鬼神的关系。有一句话叫"举头三尺有神明"，心都有心神。《礼记》有一篇叫《祭法》，对祭祀阐述得很清楚。天子立有"七祀"，七种重要的祭祀。一、司命；二、中溜；三、国门；四、国行；五、泰厉；六是户神；七是灶神。"司命"主管人的命运、寿命；"中溜"是管房舍的；"国门"，管国家的大门；"国行"，是门神、路神；"泰厉"，是已经去世的天子，没有后代祭祀他，就帮他祭祀。这很厚道；每一家都有"户神"；再来是"灶神"。我们上次去马六甲，看到那个古建筑里面还供有灶神，边上一副对联，"上天奏好事，下地保平安。"诸侯立五种祭祀，"七祀"的前四种，再加"宫厉"，诸侯去世了没有孩子的。国家重要的臣子，大夫，他们的祭祀是三种。"族厉"，大夫去世了，没有后代，还帮忙祭祀他们。还有祭门神跟路神。老百姓一般立一祀，祭户神或者灶神都可以。

我们这个时代，因果报应跟敬天地鬼神的教育特别缺乏。而这个教育是最急迫的，比伦理道德教育还急迫。为什么？伦理道德要长期这样熏，一两年，两三年，人们慢慢有羞耻心了。可是，问题是他懂伦理道德，有时候真正面对诱惑守不住啊！你说多少读书人一失足成千古恨，他读的书多不多？挺多啊。敬畏心不够，往往在那些境界面前还是会做错，会忍不住。比方贪财，一百万放着，动不动心？不动是吧？一千万呢？考虑考虑。但是懂得因果的，他就绝不贪，不做违背良心的事，因为怕殃及自己乃至后代子孙。

所以我们教导因果教育，其实就是"禁于未发"，而且要愈早教愈好，让孩子从小就有这些观念。接下来我们来看一篇文章，《俞净意公遇灶神记》。这篇文章讲因果规律，是从明代就在民间流传很广的一篇劝善文，教化世道人心。我们今天来学习这篇文章，重在学习俞公如何认真修学，最终改变人生命运的精神义理。

江西俞公，讳都，字良臣，嘉靖时人也。多才博学，十八岁为诸生，每试必高等。年及壮，家贫授徒。与同庠生十余人，结文昌社，惜字，放生，戒淫、杀、口过，行之有年。前后应乡试七科，皆不中。生五子，四子病夭。其第三子甚聪秀，左足底有双痣，夫妇宝爱之。六岁戏于里中，失去，不知所之。生四女，仅存其一。妻以哭儿女故，两目皆盲。公潦倒终年，贫窘益甚。自反无大过，惨膺天罚。年四十外，每岁腊月终，写疏祷于灶神，求其上达。如是数年，亦无报应。

至四十七岁时，除夕与瞽妻一女夜坐，举室萧然，凄凉相吊。忽闻叩门声。公秉烛视之，见一角巾皂服之士，须发半苍。长揖就座。自云姓张，自远路归，闻君举家愁叹，特来相慰。公心异其人，执礼甚恭。因言生平读书积行，至今功名不遂，妻子不全，衣食不继。且以历焚灶疏，为张诵之。张曰："予知君家事久矣！君意恶太重，专务虚名。满纸怨尤，渎陈上帝，恐受罚不止此也。"公大惊，曰："闻冥冥之中，纤善必录。予与同社诸生，誓行善事、恪奉规条久矣，岂尽属虚名乎？"张曰："即如君规条中'惜字'一款，君之生徒与知交辈，多用书文旧册糊房裹物，甚至以之拭桌；且借口曰勿污，而旋焚之。君日日亲见，略不戒谕一语，但遇途间一二字纸，拾归付火，有何益哉？社中每月放生，君随班奔逐，因人成事；倘诸人不举，君亦浮沉而已，其实慈悲之念并未动于中也。且君家，虾蟹之类亦登于庖；彼独非生命耶？若口过一节，君言语敏妙，谈者常倾倒于君。君彼时出口，心亦自知伤厚，但于朋谈惯熟中，随风讪笑，不能禁止。舌锋所及，怒触鬼神，阴恶之注，不知凡几；乃犹以简厚自居。吾谁欺，欺天乎？邪淫虽无实迹，君见人家美子女，必熟视之，心即摇摇不能遣，但无邪缘相凑耳！君自反身当其境，能如鲁男子乎？遂谓终身无邪色，可对天地鬼神；真妄也。此君之规条誓行者，尚然如此，何况其余！君连岁所焚之疏，悉陈于天；上帝命日游使者察君善恶，数年无一实善可记。但于私居独处中，见君之贪念、淫念、嫉妒念、褊急念、高己卑人念、忆往期来念、恩仇报复念，憧憧于胸，不可纪极。此诸种种恶意，固结于中，神注已多，天罚日甚，君逃祸不暇，何犹祈福哉？"

公惊愕惶悚，伏地流涕曰："君既通幽事，定系尊神，愿垂救度！"张曰："君读书明理，亦知慕善为乐。当其闻一善言时，不胜激劝；见一善事时，不胜鼓舞。但旋过旋忘。信根原自不深，恒性是以不固；故平生善言善行，都是敷衍浮沉，何尝有一事着实？且满腔意恶，起伏缠绵，犹欲责天美报；如种遍地荆棘，痴痴然望收嘉禾，岂不谬哉？君从今后，凡有贪、淫、客气、妄想诸杂念，先具猛力，一切屏除。收拾干干净净，一个念头，只理会善一边去。若有力量能行的善事，不图报、不务名、不论大小难易，实实落落，耐心行去。若力量不能行的，亦要勤勤恳恳，使此善意圆满。第一要忍耐心，第二要永远心，切不可自惰，切不可自欺，久久行之，自有不测效验。君家事我，甚见虔洁，特以此意报之。速速勉持，可回天意。"言毕，进入内室；公即起随之。至灶下，忽不见，方悟为司命之神。因焚香叩谢。即于次日元旦，拜祷天地，誓改前非，力行善事，自别其号，曰净意道人，志除诸妄也。

初行之日，杂念纷乘，非疑则惰，忽忽时日，依旧浮沉。因于家堂所供观音大士前，叩头流血，发誓愿善念真纯、善力精进，倘有丝毫自宽，永堕地狱！每日清晨，虔诵大慈大悲圣号百声，以祈阴相。从此一言一动、一念一时，皆如鬼神在旁，不敢欺肆。凡一切有利于人、有济于物者，不论事之巨细、身之忙闲、人之知不知、力之继不继，皆欢喜行持、委曲成就而后止。随缘方便，广植阴功。且以敦伦勤学、守谦忍辱，与夫因果报应之言，逢人化导，惟日不足。持之既熟，动则万善相随，静则一念不起。如是三年，年五十岁，乃万历二年，首辅张江陵居正为子择师，人交口荐公，遂聘赴京师。公挈眷以行。张敬公德品，为援例入国学。万历四年丙子，附京应试，遂登科；次年中进士。一日，谒内监杨公。杨令养子五人出拜，内一子，年十六，公若熟其貌，问其籍。曰："江右人。小时误入粮船，犹依稀记姓氏同里。"公甚讶之，命脱左足，则双痣宛然。公大呼曰："是我儿也！"杨亦惊愕，即送其子随公还寓。公奔告夫人。夫人抚子大恸，血泪逆流。子亦啼，捧母之面而舐其目。双瞽复明！公悲喜交集，遂不愿为官，辞江陵回籍。张高其义，厚赠而还。公居乡，为善益力。其子娶妇，连生七子皆育，悉嗣书香焉。公手书遇灶神并实行改过事，以训子孙。身享康寿八十八岁。人皆以为实行善事，回天之报云。

"江西俞公，讳都"，俞公名都后来德行非常好，"讳"是敬称尊长的名字。"字良臣，嘉靖时人也"，"嘉靖"是明世宗的年号。"多才博学"，从小读书，多才多艺，很有学问。"十八岁为诸生"，十八岁就考上秀才了。"每试必高等"，考试都名列前茅。"年及壮"，可是到了壮年，"家贫授徒"，家里比较贫穷，开私塾教学生。"与同庠生十余人"，与当地县办学校里面一起读书的同学十余人，"结文昌社，惜字，放生"。他们读的是儒家的书，可是结文昌社，读书人都很尊崇文昌帝君，都接受他的教诲。文昌帝君特别重视字纸，因为这是记载圣贤的教诲。"戒淫、杀、口过"，这些非常容易犯的罪孽，要好好地去禁止。

"行之有年"，他做了好多年，"前后应乡试七科"，乡试是指整个省的考试，前前后后七次参加举人的考试，"皆不中"，都没有考上。"生五子"，他有五个儿子。"四子病夭"，死了四个。"其第三子甚聪秀"，特别聪明，"左足底有双痣，夫妇宝爱之"，夫妻很疼爱这个儿子。"六岁戏于里中，失去，不知所之"，走丢了。"生四女，仅存其一"，只剩一个女儿了。"妻以哭儿女故，两目皆盲"，太太哭到眼睛都瞎了。"公潦倒终年，贫窘益甚"，非常穷困潦倒，很可怜。"益甚"，愈来愈差，"益"就是更加的意思。

"自反无大过，惨膺天罚"，他自己想一想：我又没做错什么事情，怎么老天爷对我这么不公平，这么处罚我？这样的命运，他心里服不服？他觉得我做那么多好事，怎么结果是这样，这一个心，怨天尤人，罪加一等。还要再加一条，他是读书人，知理还犯错，知法又犯法。

"年四十外"，四十岁以后，"每岁腊月终"，"岁"就是每一年，"腊月"是十二月，"终"就是十二月最后一天，除夕。"写疏祷于灶神，求其上达"，疏文，一般用黄色的纸。在灶王爷面前祈祷，把这些写给上帝的报告烧了，希望灶王爷去禀报他做的好事。"如是数年"，做了好多年，"亦无报应"，都没有好报现前。

"至四十七岁时，除夕与瞽妻一女夜坐"，"瞽"是指眼睛瞎了，三个人坐在那里。"举室萧然，凄凉相吊"。大家可以去想象，除夕都没得吃，窗户又破好几个洞，风吹进来，然后互相看看，也不知道要讲什么好。实在是苦得连话都讲不出来了。"忽闻叩门声"，有人敲他们家的门。"公秉烛视之"，拿着蜡烛，赶紧去开门。"见一角巾皂服之士"，有位老者绑着一个角巾，穿着黑色的衣服。"须发半苍"，头发胡须黑白相间，也有一点年纪了。"长揖就座"，这一位长者很恭敬地跟他行礼，然后坐下来自我介绍。"自云姓张，自远路归"，介绍自己姓张从远归来，刚好经过你们家。"闻君举家愁叹"，听到你们家叹气的声音很大，"特来相慰"，特地前来慰问。

"公心异其人"，俞都先生觉得这个人不是一般人，"执礼甚恭"，对他特别恭敬。"因言生平读书积行"，我都做了多少好事了，"至今功名不遂"，"遂"是成的意思。"妻子不全"，妻子和孩子不能保全，儿女夭折的那么多。"衣食不继"，吃饭有一顿没一顿的，生活都成问题。"且以历焚灶疏，为张诵之"，每一年都写疏文，请灶神帮忙上传，还把疏文念给这位张先生听。

"张曰：予知君家事久矣！"这位张先生说了，好了，你别说了，我知道你们的家事很久了。"君意恶太重"，你看起来挺善良的，但意念邪恶，做善事就是给人看的，就是为了赢得虚名，"专务虚名"。"满纸怨尤"，都是抱怨，写的疏文看都看不下去了。"渎陈上帝"，"渎"就是冒犯，不恭敬，"恐受罚不止此也"，你可能要遭的灾祸还不只这样而已。

"公大惊"，俞都先生很惊讶，"曰：闻冥冥之中，纤善必录"，我听说，一点点善都能记录下来。"予与同社诸生誓行善事、恪奉规条久矣"，我跟我这些同学发誓行善，我遵守文昌帝君的教诲很久了，做了好多年啊。"岂尽属虚名乎"，做了那么多，怎么会都是虚名呢？所以一个人承认错误容不容易？不容易。"张曰：即如君规条中惜字一款"，好吧，你说你奉行文昌帝君的教诲很久了，那我举例给你听吧。就"惜字"这一个项目，"君之生徒与知交辈"，你的学生与好朋友，"多用书文旧册糊房裹物"，一些旧的书他们把它撕掉，就糊在窗户上，"甚至以之拭桌"，还拿来擦桌子，"且借口曰勿污，而旋焚之"，都擦完了，有人来了就赶紧拿去烧掉，还装得好像很珍惜字纸一样。"君日日亲见"，你每天都看到，"略不戒谕一语"，"略"就是稍加，你没有稍微地提醒他们，劝解他们。为什么不劝他们呢？不想得罪人，该劝没有劝，姑息身边的人，彼此德行都愈来愈堕落。"但遇途间一二字纸"，走在路上，看到地上有纸，"拾归付火"，因为路上都有邻居看到，"哇，俞先生好有德行"，就在等那一句话。假如那句话没人讲，就做得心不甘情不愿。"有何益哉？"

"社中每月放生"，文昌社每个月都放生，"君随班奔逐"。我们看这个"君"字，古人很有修养，他做得再怎么不好，还是很尊重他，称他"君"。所以以后人家称呼我们君，是提醒我们要像个君子。你每个月都放生，是随波奔逐，人家有办了，你就跟着去。"因人成事"，都是别人促成的，不是你自己主动的。"倘诸人不举"，假如这一个月没有人说要放生，"君亦浮沉而已"，你从来没有一次主动说要放生的。"其实慈悲之念并未动于中也"，"中"就是心，从来没真正把慈悲心发出来。"且君家虾蟹之类亦登于庖"，"庖"是指厨房。孟子讲"君子远庖厨"，就是"见其生不忍见其死，闻其声不忍食其肉"。看它活蹦乱跳的，不忍心看它被杀；听到它的声音，不忍心吃它的肉；这是人很自然的慈悲心。虽然你在放生，可是你们家厨房还常常有螃蟹、虾，"彼独非生命耶"，难道它们不是生命吗？

"若口过一节"，再看造口业这个部分。"君言语敏妙"，你说话太厉害了，敏捷又巧妙。"谈者常倾倒于君"，跟你交谈的人，对你崇拜得不得了。"君彼时出口"，你的这些言语出去了，"心亦自知伤厚"，伤了自己的厚道，也伤了别人的心。明知道不妥了，"但于朋谈惯熟中"，跟老朋友都很熟悉了，讲话就比较没有遮拦，没有顾忌，有时候就很随便、放肆。

"随风讪笑，不能禁止。舌锋所及，怒触鬼神"。所以人的福报往往都是从嘴巴漏掉的，所以叫祸从口出。"阴恶之注"，因为造口业所积累下来的罪业，"不知凡几"，已经不知道有多少了，"乃犹以简厚自居"，还自以为厚道，在那里自我欣赏。"吾谁欺"，你到底要骗谁啊？"欺天乎"，骗得了上天吗？

"邪淫虽无实迹"，你虽然没有犯邪淫的实际行为，"君见人家美子女"，看到很漂亮的女子，"必熟视之"。什么叫熟视之？就是看得都目不转睛了。"心即摇摇不能遣"，把持不了自己的心。"但无邪缘相凑耳"，是没有碰到不好的缘，假如碰上了，说不定就犯了。"君自反身当其境，能如鲁男子乎？"你自己想一想，假如遇到美色当前，你能够像鲁国的柳下惠一样吗？诸位学长，柳下惠的故事有没有跟大家讲过？"坐怀不乱"。有一次柳下惠要进城，城门已经关起来了，没办法，只好在城外过夜。后来又来了一个女子，天很寒冷，女子可能会冻死，所以柳下惠就把她抱在怀里取暖。这是功夫。结果好事传得很快，人们都知道了，柳下惠很有德行。为什么？古代人崇尚道德。现代人是好事不出门，八卦传千里，坏事传千里。这件事过没多久，有一天晚上，狂风暴雨，有一个女子独居，房子给吹坏了，她很害怕，就去敲隔壁家的门，隔壁刚好也是一个男子独居。"哎呀，雨太大了，你赶紧让我进去躲躲吧。""不行，我不能开门。"那个女子说："你们读书人不就要学习柳下惠嘛，有什么好紧张的，赶紧帮我开门，让我进去躲一夜。"那个读书人说："不行，我知道我受不了。"这叫有自知之明。这个读书人就把这个女子挡在门外了。

这件事传到孔子那里，孔子说，这个人学柳下惠是学得最像的！"当其可之谓时"，孔子都是给天下的人机会教育。不然，听了柳下惠的故事，每个人都学他的样子，结果一失足成千古恨。从小长辈都提醒我们，自己有几两重，要称一称，量力而为。孔子为什么说他学得最像？他存心学得最像。柳下惠是念念为那个女子着想。这个男子把这个女子关在门外，也是为她着想，不然到时候出状况了，这个女子的一生就毁了。

代代出圣贤的教育智慧

"遂谓终身无邪色，可对天地鬼神"，你还自认为对女色都不动心，没有任何邪色。"真妄也！"你这一条又造了口业，妄语。"此君之规条誓行者，尚然如此"，刚刚举的都是文昌社里面重要的条规，你都做得乱七八糟了，其他的就更不用说了，"何况其余"。

"君连岁所焚之疏"，你每一年所烧掉的疏文，"悉陈于天"，上天都收到了。"上帝命日游使者察君善恶"，上帝派了天神来考察你。"数年无一实善可记"，真实的善一条都没有，反而看到了什么呢？"但于私居独处中"，你自己在家里独处的时候，"见君之贪念、淫念、嫉妒念、褊急念"，心胸狭小，又非常急躁，叫"褊急"。"高己卑人念"，傲慢。"忆往期来念"，就是常常忧虑、牵挂未来，我以后能不能好命，这都是烦恼。要怎么收获，怎么去耕耘就对了。"恩仇报复念"，脾气特别大，都想着要报私仇。"憧憧于胸"，"憧憧"就是心神不定。"不可纪极"，不可终极，那些不好的念头停不下来。这些恶念，每起一个就是造一个业。这在《了凡四训》当中讲得非常清楚。卫仲达才四十来岁，结果把他造恶的记录拿出来，几乎把整个房间都占满了。他很惊讶，我才四十来岁，哪有造这么多恶？结果阴间的官员告诉他，一念不正就是造恶了，"不待犯也"。假如变成言行，恶就更大了。这个故事提醒我们，修养自己要从根上修，向起心动念纯善纯净的方向去努力。

"此诸种种恶意，固结于中"，这些意念凝结在你的胸中，完全把你控制了。"神注已多"，神明记下来的太多了。"天罚日甚"，上天的惩罚愈来愈重了。"君逃祸不暇"，你逃祸都来不及了，"何由祈福哉"，还敢祈求福报。"公惊愕惶悚"，非常惊讶，非常害怕。"伏地流涕曰"，跪下来痛哭流涕。"君既通幽事"，这些事您都这么清楚，"定系尊神"，一定是尊贵的神明，"愿垂救度"，希望你能帮助我，救度我。以前读书人有个好处，一有缘出现，懂得回头。现在的人懂这些理的少，人家跟他开解这些道理，可能他就回一句话："要你管，死是我的事，我就喜欢死，你管我？"所以为什么说"子孙虽愚，经书不可不读"，他不明理，遇到再好的缘，对他也没帮助。有懂得这些道理的基础，很可能贵人就出现了。

"张曰：君读书明理，亦知慕善为乐"，你也懂道理，也觉得行善是快乐的，也会仰慕这些善行。"当其闻一善言时"，听到一个很好的教诲，"不胜激劝"，也很激动，也很想去落实、去效法。"见一善事时，不胜鼓舞"，看到人家做善事，也非常受鼓舞，要去实践。"但旋过旋忘"，虽然你有善心，但是很短暂，就像早晨的露水，一下子就不见了。"信根原自不深"，虽有善心，但这个善的根不深、不牢，易随着这些恶念恶行。"恒性是以不固"，没有办法很长远地去行善，没有恒心，五分钟热度。所谓的"君子立长志，小人常立志"，人常常立志，立到最后连对自己都没信心。"故平生善言善行，都是敷衍浮沉，何尝有一事着实？""没有恒心，做的事都不实在。"且满腔意恶起伏缠绵"，整个胸中都充满恶念，"犹欲责天美报"，你自己这个样子，还想要老天爷给你好报？"如种遍地荆棘"，都种荆棘，"痴痴然望收嘉禾"，我要收好的米，好的粮食。"岂不谬哉？"那不荒谬吗？

接下来，张先生给他具体的建议了。我们以后劝朋友的时候，问题要提出来，提出来以后要指给他一条明路。你不要骂人骂得很痛快，然后也不给人家一些具体改造命运的方法。所以人要劝，提出不同的意见、批评的时候，同时要把好的意见准备好。现在都是批评很厉害，批评到最后，人家说那我该怎么做呢，"我也不知道，你自己看着办。"这都是做事不够周详，不够负责任。你真为他好，会替他想，会给他具体的建议。

什么建议？我们下一节课再继续深入这篇文章。好，谢谢大家！

第十一讲

诸位学长，大家好！

我们接着看《俞净意公遇灶神记》这篇文章。张先生把俞都先生的问题都讲透了，都是不好的意念，"意恶太重，专务虚名"。种遍地的荆棘，却还痴痴地妄想要收粮食，岂不是太荒谬了吗？

下面是具体的建议。"君从今后，凡有贪、淫、客气、妄想诸杂念"，"客气"就是不实在、应付。"**先具猛力**"，下勇猛的心。"**一切屏除**"，一有这些不好的念头起来，赶紧把它去掉。不怕念起，只怕觉迟。"**收拾干干净净，一个念头，只理会善一边去**"，念头都是善的，跟八德相应，跟觉悟相应，就对了。"**若有力量能行的善事**"，遇到善事了，够力量去做的，"**不图报、不务名**"，不要想着好报，也不要为了名闻利养，"**不论大小难易，实实落落，耐心行去**"，就实实在在去行善，诚诚恳恳地做。"**若力量不能行的，亦要勤勤恳恳，使此善意圆满**"，虽然力量不够，还是不断地祝福他人有更好的发展。"**第一要忍耐心**"，忍得住脾气，忍住不要起坏的念头，这都是忍的功夫，扩宽度量。"**第二要永远心**"，要坚持去行善。"**切不可自惰**"，懈怠了。"**切不可自欺**"，不要欺骗自己。"**久久行之，自有不测效验**"，自有料想不到的好的感应、好的果报。

"**君家事我**"，张先生表明身份，你事奉我，"**甚见虔洁**"，非常地虔诚、恭敬。"**特以此意报之**"，今天跟你谈这些，是回报你事奉灶神这么恭敬。"**速速勉持**"，赶紧勉励自己照着这些教诲去做。"**可回天意**"，可以改造你这一生的命运。"**言毕，进入内室**"，说完，就走进里面的房子。"**公即起随之**"，赶紧跟在后面。"**至灶下，忽不见**"，突然，张先生就不见了。"**方悟为司命之神**"，"悟"就是了解、明白了，终于明白他就是灶神，"**因焚香叩谢**"。"**即于次日元旦**"，隔天大年初一，"**拜祷天地**"，祭拜天地，"**誓改前非**"，发誓要痛改前非，"**力行善事**"，就是要尽心尽力去改过。改造命运，最重要的是改习气。我们看俞都先生，他看起来做了这么多善事，但是在意念上，他的习气有增无减，命运就转不过来。现在修行的人很多，改造命运的人不多，主要还是心地不纯净，意念还是有很多不好的地方。只要是依教奉行，没有不改造命运的。"**自别其号，曰净意道人**"，从这一天开始，就别号"净意道人"，所以后世就称他俞净意先生。下定决心，从意念改起。"**志除诸妄也**"，取这个别号，就是时时提醒自己从意念当中去改正。

"**初行之日**"，一开始去做的时候，"**杂念纷乘**"，不好的念头还是非常多，"**非疑即惰**"，怀疑的心常常会冒出来。"这么做真的会好吗？"有时候就懈怠了，不想做了。"**忽忽时日**"，恍恍惚惚，日子一天又一天，虚度了。"**依旧浮沉**"，进进退退，没什么进步。他也觉得很难过，怎么自己还是没有办法进步呢？"**因于家堂所供观音大士前**"，就在自己家里面所供的观世音菩萨像前，"**叩头流血**"，忏悔，叩头叩到流血。"**发誓愿善念真纯，善力精进**"，对着神像发誓，每一个意念都是非常纯净纯善，力行善事都是愈来愈努力主动。"**倘有丝毫自宽**"，假如有一丝一毫的自我宽恕，自我退缩，不认真，不尽力，"**永堕地狱**"，就堕地狱。

"**每日清晨，虔诵大慈大悲圣号百声，以祈阴相**"，"祈阴相"就是祈求观世音菩萨暗中帮助。其实，人的意念一起，天地都有感应，冥冥中圣贤、祖先也会保佑。但是要诚心改过。所以《中庸》说，"至诚如神"，至诚就能感通。下了决心以后，整个人的身心感觉不一样了，"**从此一言一动，一念一时，皆如鬼神在旁，不敢欺肆**"，好像这些鉴察的神都站在旁边，不敢乱来了。《大学》里面说，"十目所视，十手所指"，一个人随时都感觉有十只眼睛在看他，十只手都指着他，他敢不敢乱来？人间有警察，天地也有警察，而且他们的组织比世间严密多了。你在家里干什么，警察都不知道，是吧？但是天地鬼神很有本事，都鉴察得到。

"**凡一切有利于人、有济于物者**"，只要对人、对物有帮助的，"**不论事之巨细**"，不论是大事、小事，"**身之忙闲**"，不论自己忙不忙，"**人之知**

不知"，别人知不知道，"**力之继不继**"，自己有没有力量，"**皆欢喜行持、委曲成就而后止**"，都是尽力，纵使自己委屈、辛劳，都在所不辞。

"**随缘方便**"，有缘了尽力去做，处处替人着想，给人方便。"**广植阴功**"，广结善缘，都去帮人，积了很多阴功。"**且以敦伦勤学**"，毕竟他也读了很多书，能以经典、教理去劝人家守好五伦道德，劝人勤学。"**守谦忍辱**"，能谦虚待人，能忍住脾气，忍受侮辱。"**与夫因果报应之言**"，常常劝人要行善积德，才有好的果报。"**逢人化导**"，不疲不厌地去劝人，尽心尽力，诲人不倦。"**惟日不足**"，都觉得时间不够。"**持之既熟**"，灶神爷给他的教诲，他尽力去做了，慢慢的，这些存心、言行都已经变得很自然了。"**动则万善相随**"，只要起念头了，一言一行都是善心。"**静则一念不起**"，没事的时候，一个邪念都不会起来。真正做到了净意，自己的意念都纯净了。

"**如是三年，年五十岁**"，三年以后他五十岁。"**乃万历二年**"，"万历"是明神宗的年号。"**首辅张江陵居正为子择师**"，"首辅"，首席大学士，这个国家最推崇的最有学问的人，张居正。为什么叫张江陵呢？一般很有道德、对国家社会很有贡献的人，就以他的出生地称呼，代表这个地方成就了一个很有道德的人。张居正先生为儿子选择老师，"**人交口荐公**"，俞都先生德行好，有口皆碑，人家推荐他。"**遂聘赴京师**"，他到了京都，做了张居正先生儿子的私塾老师。"**公挈眷以行**"，带着家人到了京城。"**张敬公德品**"，张居正先生非常恭敬俞公的德行，"**为援例入国学**"，让他进国学去。

"**万历四年丙子，附京应试，遂登科；次年中进士**"，过了两年，他去应试，中了举人。来年的殿试，又考上进士了。"**一日，谒内监杨公**"，他去见宦官杨公。"**杨令养子五人出拜**"，这个公公收了五个义子。"**内一子，年十六，公若熟其貌**"，觉得有一子非常面熟。"**问其籍**"，问他以前住哪里。"**曰：江右人，小时误入粮船，犹依稀记姓氏闾里**"，记得他自己的姓名，住在哪里。"**公甚讶之，命脱左足，则双痣宛然**"，俞公一看，左足底有两颗痣。"公大呼曰：是我儿也"，就是我儿子。"杨亦惊愕"，当下杨公公也非常惊讶，赶紧送孩子跟自己的父亲相聚，"即送其子随公还寓"。"公奔告夫人"，夫人因为死了这么多孩子，都哭瞎了眼。"夫人抚子大恸"，夫人见到自己的孩子，当场抱着孩子痛哭，"血泪迸流"，血跟泪水一起都流出来了。"子亦啼"，儿子也非常感伤，流泪，"捧母之面而舐其目"，用舌头舐母亲的眼睛，"双瞽复明"，母亲的双眼恢复光明了。"公悲喜交集，遂不愿为官，辞江陵回籍"，回到自己的家乡。"张高其义"，张居正先生非常推崇他的情义，"厚赠而还"，赠给他很厚的礼。

"公居乡"，俞公在自己的家乡，"为善益力"，行善更加努力，觉得老天非常厚爱他，丢失的儿子找回来了，太太也复明了。"其子娶妇"，后来儿子娶太太了，"连生七子皆育"，本来命运是断子绝孙，结果转变过来，生了七个儿子。"悉嗣书香焉"，"悉"就是全，"嗣"是延续，我们说的子嗣，就是后代。几个儿子都能够承传读圣贤书的家风。"公手书遇灶神并实行改过事"，俞公把遇灶神的事情记下来，还有他怎么改过的过程。"以训子孙"，留给子孙，成为他们人生的准则。"身享康寿八十八岁"，他也很长寿，活到八十八岁。"人皆以为实行善事，回天之报云"，所有知道这个事的人都觉得，是因为俞公行善事上天给他的回报。

从这一段我们也感觉到，俞公的行持已经受到大家的瞩目跟肯定了。其实这就是给天下人建立信心，善有善报，行善一定会有好的果报。尤其对现在的人特别重要，现在的人跟他讲道理讲半天，他会讲，你拿证据来，有谁改造命运改得很好的？拿什么给他看？拿自己啊，这叫为人演说。为什么？你的改变，习气改掉很多，人家马上有感觉，你整个命运的改变，会给人很大的信心。俞净意公不只给当时的人信心，几百年之后我们还在读他的文章，他也给了我们信心，"相观而善"，古人的善行也在启发我们。

我们回过头来看《礼记·学记》，教育所以会兴，是因为教学方法、心境得当。这四个方法，也要用于教导因果规律的道理，才能达到"禁于未发之谓豫，当其可之谓时"的效果。包括多讲历史当中、现阶段发生的善恶果报的故事，也能达到"相观而善之谓摩"的效果。

这一段是教育成功的方法，下一段是教育失败的方式。"**发然后禁**"，"发"就是已经养成，孩子一些坏习惯已经形成了，才要禁止他。"**则扞格而不胜**"，"扞"是"捍"的古字，抵御、抵抗，"格"是很坚固，坚不可入，"不胜"就是很难扭转，意思就是坏的习惯、习性养成了，纵使要教化，但因为它太坚固了，很难扭转。"江山易改，习性难移。"我们现在都成年了，改一个几十年的习惯容不容易？"扞格而不胜"。

"**时过然后学**"，一些好的学习时机错过了，然后才要学，"**则勤苦而难成**"，非常勤劳刻苦地学，却很难学得好。大家现在背古文有没有这种感觉？七八岁的孩子，因为他们烦恼少，心智比较清净，背得就快。所以要趁孩子小的时候，记忆力特别好，让他把这些人生最重要的道理、经典都能熟背在心。对我们来说，难也要学，而且告诉大家，难跟心态有关，我们觉得它很难，它就难。我们中心的李金友先生，五十岁才开始背经典，他背得很熟。"见人善，即思齐"，人家做得到，我们也能做得到，看用心。我有一个长辈，他不识字，但是学经典很认真。他的女儿是中文博士，他就一个字一个字问，到最后也背下来了。"天下无难事，只怕有心人。"而且告诉大家，人的记忆力为什么愈来愈差？记忆力愈来愈差是结果，原因出在哪？因为胡思乱想太多了，烦恼、挂碍的事愈来愈多。所以我们肯放下这些执着跟烦恼，记忆力会慢慢恢复。我们一些同仁都感觉现在的学习状况，不输给高中、大学那个时候。所以人可以返老还童，最重要的就是把烦恼、执着、欲望放下。

"**杂施而不孙**"，教材杂乱无章，没有循序渐进，东学一点，西学一点，"**则坏乱而不修**"，就会造成支离破碎，没有系统。"**独学而无友**"，都自己单独学习，没有好的同参道友一起切磋，"**则孤陋而寡闻**"，孤单、浅陋，缺乏见识。所以往往一些志同道合的人互相切磋探讨，集思广益，深度、广度都能够撞击出来。

"燕朋逆其师"，"燕"是狎昵，亲近不好的朋友，就违背老师的教导了。但是"方以类聚，物以群分"，他会跟这些不好的朋友一拍即合，那也是我们之前没有给他扎下德的根，扎下判断善友的基础。"同是人，类不齐，流俗众，仁者希。"学了《弟子规》就知道，"孝悌也者，其为仁之本与"，懂得孝悌的人才是有德行的人。而且"禁于未发"里面也提到，"斗闹场，绝勿近；邪僻事，绝勿问"，形成判断的能力，才不会去接近这些不好的环境。**"燕辟废其学"**，"辟"指不好的习惯。养成不好的习惯，就会把学业给耽搁了。所以染上不好的习惯，交到不好的朋友，对学业都是很大的障碍。

"此六者，教之所由废也。"教育为什么会废？教育愈来愈失败，教不出人才，跟这六点有很大的关系。比方说"燕辟"，假如迷上网络了，那就麻烦了，可能连觉都不睡了。玩物丧志，玩人丧德。所以，就像人的身体，免疫力要强，邪气进不来。所以扎每一个人德行的根，确实是刻不容缓，因为外面的诱惑确实比较多。好几个月以来，很多家长带着三四个孩子，一、三、五都到中心来上课。好的歌曲，从父母到孩子，都琅琅上口。父母让孩子不断地接受这些伦理道德，善的思想、善的音乐，孩子就不会"燕辟废其学"。他都很习惯、很欢喜这种教化，邪的东西一出现，他会很不舒服，自动就避开了。

我们看下一段，提到教育要很注重启发、诱导。**"君子既知教之所由兴，又知教之所由废"**，君子知道教育兴起的原因、方法，又知道教育之所以失败问题出在哪里，**"然后可以为人师也"**。所以当老师的一定要先了解教育正确的方向、方法，以及哪些是错误的，不妥当的，都要很清楚。不是说有一个师范学院的证书，就可以为人师。真正能传道，才能称人师。史书里面讲，"经师易遇，人师难遭"，经典容易遇到，真正教人做人的老师，难遭！

《韩诗外传》里面也提到，"智如泉源，行可以为表仪者，人师也。"他很有智慧，像泉水一样，智慧不断地流出来，而且很有德行，行为可以给人做榜样。《孝经》有一段话，"言思可道，行思可乐，德义可尊，作事可法，容止可观，进退可度。"他一言一行，包括他做事的方法，都可以启发人，让人提升，就可以做榜样了。经典中的这些教诲，也是期许我们从事教育工作的人，都要往这个目标迈进。

"**故君子之教，喻也。**"所以君子教化、晓喻，主要是让人明理。"喻"就是让人明白道理。用什么样的方式呢？"**道而弗牵**"，引导他，但是不要强迫，好像牵着他的鼻子的那种感觉。"**强而弗抑**"，鼓励他，但不要抑制他。"**开而弗达**"，启发他，但是不要和盘托出，把话都讲完，应该让他去思考。"**道而弗牵则和**"，引导他，循循善诱，而不是强硬拉着他，这样就能融洽，学生就觉得，老师很亲切。"**强而弗抑则易**"，鼓励他，不压抑他，学生就觉得轻松自如。你一直鼓励他，他就会比较有信心去做好。"**开而弗达则思**"，启发他，没把话全讲完，他就能独立去思考。"**和易以思**"，非常亲和融洽的气氛，让学生学得很轻松，又能去独立思考，这样的教学方法，"**可谓善喻矣**"。

我们举一个例子，大家有没有看过《了凡四训》这一部书？了凡先生也是一个很传奇的人。《了凡四训》在日本被列为治国宝典，很受日本人的推崇。了凡先生童年时父亲就去世了。老母亲让他不要读书了，就学当医生。为什么？可以谋生，又可以济人。学得这一门技能，然后能颇有名气，这也是他父亲生前的愿望。

后来，袁了凡先生到了慈云寺，遇到一个老人，胡须很长，相貌不凡，仙风道骨。老人就跟他讲："你是当官的人，明年好好去读书，就能考上秀才，你何不去读书呢？"结果了凡先生跟他讲，因为我爸爸想要我从医。结果这一位长辈就说，"吾姓孔，云南人也"，得"邵子皇极正传"，算人的命，算一个国家的命，都算得很准。"数该传汝"，还说要传给他。了凡先生把这位老先生引回家里，"试其数"，看他算得准不准。"纤悉皆验"，很细的事情都算得很准。"予遂起读书之念"，实在算得太准了，就相信他说的了。"礼郁为师"，就开始读书了。孔先生还说，"县考童生当十四名，府考七十一名，提学考第九名。"最后，老先生又为了凡先生算这一生，"某年当补廪"，"补廪"就是公费生领的国家给他们的俸禄。"某年当贡"，当上贡生。"贡后某年当选四川一大尹"，"大尹"相当于县长的重要助手。"在任三年半，即宜告归"，就差不多了，该回家了。"五十三岁八月十四日丑时，当终于正寝"，连他哪一天哪一个时辰死都算得出来，够厉害。"惜无子"，没有儿子。"予备录而谨识之。自后凡遇考较，其名数前后，皆不出孔公所悬定者"，之后很多年，所有的考试名次都如孔先生跟他算的，完全准。

只有一件事，"独算余食廪米九十一石五斗当出贡"，孔先生算他吃到九十一石五斗的时候才转成贡生。可是吃到七十余石的时候，"屠宗师即批准补贡"，负责人就要批他当贡生。"余窃疑之"，私底下有怀疑。"后果为署印杨公所驳"，后来另一个官员把他驳回了，到了丁卯年才补上贡生。然后计算了一下，所吃的米刚好九十一石五斗。

经过这些事，他更没有怀疑了。"余因此益信进退有命，迟速有时，淡然无求"，反正命都注定了，没有什么好去求的了。所以"贡入燕都，留京一年，终日静坐，不阅文字"，后来又回到南京读书。有一天，"访云谷禅师于栖霞山，对坐一室，凡三昼夜不瞑目"。很厉害，三天都没睡觉。"云谷问曰：凡人所以不得作圣者，只为妄想相缠耳"，云谷禅师很惊讶，人都被妄想给绑住了，你坐了三天，没有见起一个妄念，为什么呢？"余曰：吾为孔先生算定，荣辱死生，皆有定数，即要妄想，亦无可妄想"，我的命都被孔先生算准了，荣辱死生都有定数了，怎么想也没用，想它干什么。

"云谷笑曰：我待汝是豪杰，原来只是凡夫。"云谷禅师就笑了，我以为你是英雄豪杰，原来只是凡夫一个。这么一说，了凡先生很好奇了，"问其故"，您这话是什么意思？"人未能无心，终为阴阳所缚，安得无数？"人不能达到无私无我，都在天地五行的控制之下。"但惟凡人有数。极善之人，数固拘他不定；极恶之人，数亦拘他不定"，极善的人，他的命运就整个转变，极恶的人也是。"汝二十年来，被他算定，不曾转动一毫，岂非是凡夫？"你二十年来的命，全部被算准，一丝一毫都没有变，不是凡夫，那是什么？"余问曰：然则数可逃乎？"命数真的逃得过吗？

接下来这一段我们就可以看到，云谷禅师是真会教育人，"可谓善喻矣"，他真的是"道而弗牵，强而弗抑，开而弗达"。"曰：命由我作，福自己求"，开始引导了。而且引导的时候，从对方熟悉的去引导，不要讲一大堆他不懂的。"《诗》《书》所称，的为明训"，对读书人来讲，"五经"是必修科目，所以举出这些例子他很容易接受。

"我教典中说：求富贵得富贵，求男女得男女，求长寿得长寿。夫妄语乃释家大戒，诸佛菩萨，岂诳语欺人？"从这一段话我们可以知道，以前的读书人，儒道释的经典都看。纵使他不学佛，《金刚经》、《六祖坛经》，这些很优美的文章他们都读，所以也知道佛家的一些重要的教诲，五戒之一就是不妄语，诸佛菩萨怎么会骗人呢？

"余进曰：孟子言，求则得之。是求在我者也。道德仁义，可以力求"，功名富贵怎么求得了？云谷禅师跟他讲，孟子的话没有错，你把它理解错了。六祖说，"一切福田，不离方寸"，所有的福报不离开这一颗心，"从心而觅，感无不通。求在我，不独得道德仁义，亦得功名富贵。内外双得，是求有益于得也。"内外都求得了。"若不反躬内省"，不反省自己，"而徒向外驰求"，只是向外去攀求，"则求之有道，而得之有命矣！内外双失，故无益。"还是求不得。要想求得，要如理如法，要反求诸己，要修这一颗心，命运才能变。

刚刚这一段是"道而弗牵"，举一些了凡先生能了解的经句慢慢引导他。"开而弗达"，启发他，让他思考，不把话给他讲透，让他自己悟。"因问：孔公算汝终身若何？余以实告"，了凡先生把一生的情况都告诉他。"云谷曰：汝自揣应得科第否？应生子否？"那你自己想想，你应该得到功名吗？应该有儿子吗？这就是设问，让他去思考，这就是"开而弗达"。

了凡先生也很受教，"余追省良久，曰：不应也。"赶紧思考、反省，然后说，不应该。一个人自己承认，一不一样？假如云谷禅师说，你本来就不应该有儿子，你本来就应该考不上嘛，了凡先生心里还可能不服气，为什么？那不是他自己悟到的，他可能还在那里发牢骚。可是引导他，让他自己思考，他就完全明白了。"科第中人，类有福相，余福薄，又不能积功累行，以基厚福"，自己又没有好好去行善。"兼不耐烦剧"，脾气又不好，"不能容人；时或以才智盖人，直心直行，轻言妄谈。凡此皆薄福之相也，岂宜科第哉！"度量又小，不能容人，时常还用才智去压人，傲慢，常常妄谈很多事情，批评这个，批评那个，刻薄。"舌锋所及，触怒鬼神"，这都是他反省薄福之相。

了凡先生又继续说："地之秽者多生物，水之清者常无鱼，余好洁，宜无子者一；和气能育万物，余善怒，宜无子者二；爱为生生之本，忍为不育之根，余矜惜名节，常不能舍己救人，宜无子者三；多言耗气，宜无子者四；喜饮铄精，宜无子者五；好彻夜长坐，而不知葆元毓神，宜无子者六。"他又分析了好多点自己的问题，好洁、善怒、多言耗气，喜欢晚上喝酒，彻夜常坐，都是他没有儿子的原因。"其余过恶尚多，不能悉数"，还有很多。这都让我们反省，读了这么多圣贤书，结果是落得个过恶很多，数都数不完，那就已经偏离了读书的目的。读书是希圣希贤，是改习气，不然都变成储存知识而已。

云谷禅师这个时候又借由他的反省把道理告诉他。"云谷曰：岂惟科第哉。世间享千金之产者，定是千金人物；享百金之产者，定是百金人物；应饿死者，定是饿死人物；天不过因材而笃，几曾加纤毫意思？"科第、福分都是修来的。他有千金的福报，定是千金人物；能享百金福报的，定是百金人物；会饿死的，那也是饿死的人物。上天只是去执行而已，没有偏心，都是人自己造作的命运。

"即如生子：有百世之德者，定有百世子孙保之"，这一点我们非常清楚，孔子的后代都八十世了，人家出的都是孝子贤孙。"有十世之德者，定有十世子孙保之；有三世二世之德者，定有三世二世子孙保之；其斩焉无后者，德至薄也"。

都跟他分析完了，道理清楚了，接着给他具体的指导。"汝今既知非，将向来不发科第，及不生子之相"，你今天既然知道不对了，将以前不好的习性跟过错，造成不能登科、不能生子的这些错误，"尽情改刷"，都把它改掉。"务要积德，务要包荒，务要和爱，务要惜精神"，这些都是点出他的问题。

接着鼓励他，这叫"强而弗抑"。"从前种种，譬如昨日死；从后种种，譬如今日生。"这句话就是重点。读这篇文章不是看故事，是借由这个故事启发我们，要当自己是当机者，就讲给我听的，这样句句都受益。假如看的时候，觉得那是袁了凡的事，不干我的事，就很难受益了。

"此义理再生之身"，重生，不随本来的命运走了。因为起心动念、一言一行，都跟道义相应。"夫血肉之身，尚然有数；义理之身，岂不能格天！《太甲》曰："天作孽，犹可违；自作孽，不可活。"《诗》云：永言配命，自求多福。"举这些道理，让他有十足的信心去改过。云谷禅师确实是一个好老师，循循善诱，特别值得我们效法。

接着看《礼记·学记》下一段。要当一个好老师，真的要用心，下工夫。不只把好的方法领纳在心，还要非常了解学习者的问题，才能因材施教。这跟大夫治病一样，要知道病根出在哪。

"学者有四失，教者必知之。""教者"，我们将其延伸，变成什么？君、亲、师。"学者"可以是孩子，可以是学生，也可以是你的下属，我们都应该把他教好。所以不管扮演君、亲、师哪一个角色，都要当好榜样，像亲人一样爱护他，像老师一样循循善诱。

"人之学也"，一般的人学习有这几个问题，**"或失则多"**，喜欢学很多，贪多，杂学，不专精。学到最后都是记问之学，很难改善心性。**"或失则寡"**，就学一点，一点点他就很满足了，学得很局限，范围很狭小。**"或失则易"**，学的过程当中见异思迁，今天学学这个，明天学学那个，很容易就改变了。"易"还指《弟子规》说的"轻略"，想得太容易了。轻慢了学问，就学得不实在。就好像很多孩子背书，"哎呀，《弟子规》我都学会了"，这就轻略了，学问重在落实。"**或失则止**"，"止"就是画地自限，自己限制自己。

"**此四者，心之莫同也。**"这四个容易在学习当中出现的错误心态，每个人不一定相同。"**知其心**"，我们知道了学者心偏在哪里，"**然后能救其失也**"，才能改善他的错误，把他导正，把心态摆正。"**教也者，长善而救其失者也。**"长他正确的态度，长他的善心，补救他的过失，长善救失，这是教育的核心工程。

我们今天身为父母，可以思考一下孩子有哪些问题。当老师的，现在的学生都有哪些问题，把它列出来，针对问题好好地去教导他。不过很有意思的是，当都列出来，"好像我也都有"，也可能是身教的问题。所以当领导、当父母、当老师，有教不好晚辈的情况，真的要反省自己。自己的心转了，家庭、人生这些因缘就会跟着转变。因为我们反省了，就真诚；真诚了，就可以感动人。

今天就先跟大家交流到这里，谢谢大家！

第十二讲

诸位学长，大家好！

我们继续学习《礼记·学记》。上一节课是让我们了解，教育是因为什么而兴盛，因为什么而衰败。一个教育工作者会了这些，就懂得如何为人师，循循善诱，来开导、教育学生。"和易以思"，"道而弗牵，强而弗抑，开而弗达"，这样的心境、引导不要让他感觉好像硬拉着他、牵着他的鼻子走，学生一般都很容易接受。那怎么循循善诱，让受教者很能接受，如沐春风？教学者要放下控制的念头、占有的念头、急于求成的态度，才能柔软。所以方法跟心境要相应，心行一如，教学者的整个言语行为跟心境是完全相应的。

方法能不能产生效果，还是跟教学者的心境有关。我们在学校从事教育工作，常常参加研习课程，而且学校还有规定，一个学期要上几十个小时的研习课程。上几十个小时的课，我们自己在教学当中，用出来多少？用出来效果好还是不好？学每样东西、做每件事情，事后都应该有一个沉淀、反思，这样才能知道学得扎不扎实，才能知道做得恰不恰当，下一次能不能更好。这也是一个对事的态度，精益求精，而不是一个交代而已，"反正我也去上了课，反正我也教过了。"

有一个故事讲，天气比较冷，有一个人走在路上，披着一件大衣。北风跟太阳看到了这个路人，北风呼呼地吹，说："太阳，我们来较量一下，看谁能把他身上的大衣给拿掉。"北风先来，然后就开始刮起一阵一阵的强风来。结果风愈大，行人把衣服抱得愈紧，这叫适得其反。

我们面对自己的孩子，有没有一种感慨：这个孩子我下了那么多功夫，结果效果很差，有没有？三四个孩子，最让我操心的，反而最不懂事。什么原因？很有可能我们在面对这个孩子的时候，有很强烈的控制欲望，执着点，拼命要把道理塞进他的脑子里。他已经听得两眼发直，我们还一直灌输，到最后就好像一个人吃不下，"你再吃、再吃"，他会怎么样？很简单嘛，吐出来。知识、学问你硬塞，塞到最后消化不良，他就会排斥，他看到你就会赶紧跑。听到妈妈的脚步声，赶紧装着在看书的样子，不然妈妈要啰唆了。

所以，虽然北风吹得很强，适得其反，最后精疲力竭，只好放弃了，"你试试看吧"。太阳不慌不忙，那个热量慢慢加、慢慢加。不长的时间，行人说，"哎呀，天气真好！"就把外套给脱掉了。煦煦的阳光就好像春风化雨，人很容易接受。所以内心没有控制，很柔软，让人很舒服，这是"道而弗牵"。

"强而弗抑"，"强"是鼓励，而不是去压抑、否定他。这个鼓励，不是套几句话，是真正打从内心的信任。"人之初，性本善"，不管这个人现在有怎么偏颇的行为，自始至终都不怀疑他的本善，言语非常恳切，让人家觉得有信心。一个孩子，假如身边的人都看不起他，他会很敏感。可是他假如碰到一个人，相信他可以成圣贤，绝不怀疑他，绝不否定他，时时看到他就是鼓励他，这个孩子面对这个长者，他的态度会很不一样。为什么？没有人喜欢让人瞧不起。碰到一个信任他的长者，信任他的老师，他的善良也会被唤醒，希望能好好地提升。

我们之前在学校带班，你还没见到学生，就有同事很"热心"，"哎呀，这个人来历不小"，怎么样怎么样。所以当老师的要练一个功夫，人家跟你讲这个学生哪里不好，右耳进，左耳出，不然一听，把它记在心上，怎么看那个孩子都很奇怪、不顺眼。所以人的心要像镜子一样，不落不好的痕迹。所以不要否定孩子，"苟不教，性乃迁"，知道那是因为没有好的家庭教育、社会教育、学校教育，是我们成人的错，不是孩子的过失，还是信任他可以好。孩子毕竟涉世未深，他的心还是很敏锐的，他可以感觉到老师的这种真诚，所以在你面前就会找一些表现的机会，让老师肯定。我记得带的一个学生，一大早，他看我进来，就走到我旁边，在那转过来转过去，然后看我没说话，就主动问："老师，今天有什么事要帮忙吗？"他觉得自己有价值，在老师旁边可以做很多事。所以从言语、做事当中，给他机会、给他鼓励，"强而弗抑"。不光是言语，面对每一个学生，我们的眼神都要有"强而弗抑"的力量。

不仅当老师如此，我们学习中华传统文化，了解了人生的真相，知道人都有本善、明德，我们也要信任一切人，只要他有好的教育，慢慢地改过，也可以成圣成贤。希望我们都能够掌握这个"和易以思"的心境跟方法，跟我们的亲朋好友互动，成就、利益身边的人。

最后"开而弗达"，"开"是启发，"达"是不要把话全部都讲尽了，那就只是填鸭而已，教学者不要太急躁。有的教学者，一开口，嗒嗒嗒就停不下来，像机关枪一样。教学要善于用心观察，看学生在听的过程当中，有没有思考，有没有领受？边讲边看他的眼睛，可以了解到他吸收的状况好不好。比方我们讲得太快了，他的眉头就会皱起来；你稍微放慢了，他就有点和缓下来了。一个教学的人，不能讲到人家口吐白沫，还继续讲。真的，有时候大家在一起说话，一个人话特别多，旁边的人都打呵欠了，他还继续讲，愈讲愈来劲。这都没有很好地结这个缘分。

当然，很多方法不是固定的。人家已经听得都快睡着的时候，你可以下课，也可以讲讲故事，是吧？要在每一次教学当中，察觉自己的不足，"学然后知不足，教然后知困"。一个教学的人，第一次讲课睡的人有三分之二，下一次目标就是二分之一，慢慢进步。

一个人对我们所谈的道理能不能受用，是看他有没有贯通这个道理，而不是你把理给他讲完了，就达到效果了，不是这个逻辑。所以我们有时候会说，"我都跟他讲过了。"请问我们讲的时候，他的眼睛告诉我们听懂了吗？"开而弗达"，还要不强求，今天讲，看他不能完全领会，也不着急，下次再讲，很有耐性。等待机会，"当其可之谓时"，刚好有一个机会点，加以引导，点到为止，让他自己思考。他自己想通的，道理就留在他的心中，那是他的体悟、他的智慧。

领悟的东西，一辈子都不会忘，所以孔子给我们引导的观念，我们记忆都很深刻。前不久才一起学习《论语》里面有关学习的经句，请问大家，印象最深的是哪一句（答：学而时习之，不亦说乎。）夫子还有一个譬喻，"譬如为山，未成一篑，止，吾止也！"学习就好像要造一座山，只剩下一抔土还没有运上去，我们放弃了，那还是没有做成，学问不能半途而废。善用譬喻，让我们体会得很深刻。所以教育不能跟生活脱节开来。

佛陀在世的时候，有一次遇到一群孩子在玩耍。这个时候从远处来了一个人，叫尼提，专门帮这个村落清理大便的。他人还没到，小朋友都知道了，因为那个味道很重。小孩子有的在玩花，"哇，我的花都臭了。"觉得很扫兴。有的就拿起石头扔这个人。尼提很难受。我们今天看到一群孩子这样对待一个叔叔，请问该不该教育？该教育。怎么教育呢？佛陀看到这个情景，就挡到尼提的前面，对着孩子讲："不可以这样，住手。"石头也落在佛陀的身上。

在印度，分四个阶级。佛陀，在那个时代连国王都向他学习，他是个很好的老师。而尼提是奴隶阶级，是最下等的，所以尼提看到佛陀帮他挡，就很难受。佛陀说："来，你过来。"尼提双手都是掏粪便的，他就更难过了："佛陀，你不要再接近我了，我会把你弄脏。"结果，佛陀一点都没有嫌弃他，把他请过来，对他说："你不是要听我说法吗，今天就是机会了。"

那一群孩子看到大人来了，知道拿石头丢人不对，正想开溜。佛陀说："小朋友，你们过来。"其中一个小朋友说："叔叔要骂人了。"佛陀说："我是跟你们讲个故事。"一说讲故事，孩子就喜欢听。所以这个时代教书，不会讲故事还不行。大家不相信可以做试验。跟亲朋好友谈话，讲道理讲了十分钟，一定有人开始梦见周公了。要讲讲生活上的例子、故事，人就比较容易精神振奋。

假如今天讲道理的人，自己德行很好，都做到了，听的人会肃然起敬。今天假如师长到了，在这里讲两个小时的道理，大家都是眼睛瞪得大大的，"我是做梦吗，居然可以碰上这个机会！"都不会打瞌睡。假如爸爸妈妈老师讲一堆道理，他们自己也没做好，愈听愈想睡觉，提不起恭敬的态度。所以讲道理，一般的人想睡了，就反映我们这个社会太缺榜样了，太缺言行一致的人。人一听到道理，就觉得不现实，做不到，不想听了。

所以当下孩子本来要开溜了，佛陀善巧方便，说："你们有没有听过一条大蛇的故事？那一条蛇长到了可以从这个屋子缠到那个屋子。"小朋友说："哇，蛇这么大。""结果蛇头领着蛇尾走啊走啊，突然有一天蛇尾就说了，阿头，怎么都你走在前面，不行，今天我走前面，你走后面。阿头讲，不行，我有眼睛可以看前面，你走前面都不知道东西南北了。阿尾说，那你试试看吧，你能走你走吧。结果阿头走不动了，因为阿尾绑在树上，不肯走。阿头全身无力，就让阿尾走前面。蛇尾走前面，蛇头跟着走，结果撞得满身是伤，最后掉到火山岩里面去了。"

佛陀讲："我了解宇宙人生的道理，我有智慧之眼，希望能引导你们成就智慧，就像那个阿头可以看清楚。你们不听我的教诲，可能就会很危险。"结果讲到这里，有个小朋友脾气比较大，就生气了，对佛陀讲："你觉得我们很傻是吧？"佛陀说："才讲两句你就生气了，很像某一个村落的年轻人。"佛陀接着讲："这个年轻人有一天走在路上，突然看到房子里有两个老人在谈话：'那个某某某，人还不错，就是脾气特别大，很容易生气。'他一听，手上还拿着东西，火了，'啪'，把东西丢在地上，推开门，把这两个老人拖出来打了一顿。然后说：'你说谁脾气不好？'那两个老人说：'你看你现在不就脾气不好吗？不就打我们了吗？'年轻人一想，啊，对哦。"小朋友听到这个故事，就不好意思了。

又有一个小朋友讲："您讲那么多故事，我听过了，很多道理我明白了，不要再讲了。"所以我们看，佛陀要引导一群孩子，都不是一下子可以的。于是佛陀又讲了一个故事。"有一个商人坐着船，船到中间的时候，他拿的一个很昂贵的器具掉到了水里。他记住掉下去的位置，在船上刻了一个痕，心想待会儿船停下来就可以下去找了。靠了岸，他就赶紧叫船夫下去找。结果找半天找不到，船夫说：'你到底是在哪里掉下去的？''就在船中间掉下去的，一掉下去，我就赶紧刻了一个痕迹。'船夫讲：'听起来好像很有道理，但船是动的，所以早就不在那个位置了。'"所以这也是提醒小孩，不要自以为聪明，一定要好好学习才会有智慧。

结果又有一个孩子讲："过几天再学嘛。"可不可以？佛陀又讲了一个故事：“有一个人养了头乳牛。一个礼拜之后有客人要来，他就想，我就把奶水存在乳牛的肚子里，等客人来了再一起把它挤出来。不然现在挤出来，牛奶坏掉就可惜了。隔天他就没挤，小牛要来吃奶，他就把小牛拖到旁边去。七天以后他去挤，结果挤不出奶了。愈挤不出来，他就愈用力。乳牛痛了，就开始跑，主人就拖着那个母牛，在那里转圈。”学习能不能等以后再学？不行，当下就要学。不学，愈来愈没智慧，就愚痴了。“学如逆水行舟，不进则退。”小朋友听到这里，说：“好，那我们要学习，学了之后是不是马上就有智慧了？”佛陀说：“不行。”有一个小朋友说：“这么麻烦，不学了。”

你看，每一个错误的心态，佛陀都讲一个故事让孩子们去领会。所以，为什么说父母、老师的恩德很深远？因为要让我们明理，确实很不容易。所以释迦牟尼佛教了四十九年，一辈子不疲不厌地引导。四十九年还有很多学生没有开悟，怎么办？算了吗？我那些同学教书刚教半年，有的就已经被小孩气得受不了，然后他们就说：“礼旭，这半年都没看你生气啊，你怎么不生气？”我说，第一，我是个坏学生。佛陀来我们这个世间八千次了，最后一次还劝了四十九年，我还不听他的话，所以我是坏学生，没有资格说我的学生不好。为什么？我才教学生两次，算得了什么！第二，学生失教都多少年了。我是教五六年级，学生都十几岁了。十几年心地没有好好耕耘，哪有说教他两个礼拜、一个月，思想就马上转过来？那我们不是急于求成吗？不符合自然规律。所以往往我们会动气，是没有客观去思考问题，急于看到效果，适得其反。

小朋友说，学习又不能马上达到效果，太麻烦了，不学了。佛陀就讲：“有一个很有钱的人，看到人家盖一栋三层楼的别墅，觉得特别漂亮。他就去找了盖房子的人：‘你赶紧帮我盖一栋三楼的别墅。’这个工人就在那里挖地基，要盖第一层楼。他说：‘你别给我盖一层，我只要第三层。’工人没办法，他这么坚持，只好帮他盖。没有第一层，没有第二层，直接盖第三层，怎么盖？就四根柱子，直接到了三楼的高度。建好了，这个有钱人就爬着柱子上了三层，爬得全身无力，在那里喘气。这时候他突然打了一个喷嚏，这个柱子"铿"就倒了，屋子就塌下来了。"

所以没有打好根基，是不可能有很好的成就的。小朋友听完："嗯，那还是要好好地学习，一步一脚印，厚积薄发。"到这里，佛陀接着就说了："今天要跟大家提醒的，就是你们刚刚为什么拿着石头打这个尼提叔叔。"开始引导，"道而弗牵"。"他很脏，很臭。""那他为什么会臭？""他帮我们家清理那些大便，所以他臭。""你自己不去清理，还是他帮你清理的，他是在帮助每一个家庭，你们怎么可以这样对他，还伤害他？"这就好像那个忘恩负义的商人。

有三个商人在大海当中航行，结果遇到大风浪，就掉到海里了。就快要灭顶的时候，突然游过来一只大海龟，把他们三个都救起来，到了一个孤岛上。三个人找不到食物，很饿，其中有一个人就起了不好的念头，拿着石头朝乌龟走过去了。旁边两个人说："哎呀，你不可以这样啊。"诸位学长，假如是你，要怎么做？要阻止，要把他拉住，不可以让他做这样的事情。结果这两个人没有阻止他，他就把那个海龟给杀了。正在吃海龟肉的时候，岛上的一群大象冲过来，把他们逼到海里了。"动物之间互相会有感知，尤其对忘恩负义的人，它们是最厌恶的。人家说不孝父母的人天打雷劈，上天往往降灾于没有德行的人。

佛陀讲到这里，大部分的孩子都已经反省了。但有一个孩子硬是不给尼提道歉，他很气愤："反正我就是瞧不起他，就是要拿石头砸他。"佛陀接着讲："看起来你是在伤害他，事实上你也在伤害自己。"其实人看人不顺眼，生气的时候，自己本善的心统统被愤怒、傲慢给包住了，那不是伤害自己吗？

所以佛陀又讲起双头鸟的故事。双头鸟是一个身体两个头，假如两个头不合了，有一个头要伤害另一个头，引导它吃一个有毒的果实，想要报仇。请问大家，另外一个头吃下去了，它自己会怎么样？大家是一体的，伤害别人就是伤害自己，爱护别人就是爱护自己。诸位学长，大家有没有感觉到，去帮助别人，他真正受益了，自己比他还高兴？施比受更有福。就像我们教学的人，一个孩子本来不懂事，现在懂得孝顺父母，懂得用功了，我们当老师的人，一想到就高兴、就欣慰，"这一辈子教学，哪怕只有这一个学生能成就，我们都觉得欣慰了。"

讲到这里，这个孩子也惭愧了，向尼提叔叔道歉。接着，佛陀又把尼提的手举起来，尼提吓坏了，说："佛陀，我的手太脏了。"佛陀跟他讲："我的手跟你的手，工作是一样的。你的手是除去人们排出来的污秽，我的手是除去人们内心的污秽，我们的工作是一样的。"大家去感受，一个奴隶面对高贵的佛陀给他这样的肯定、鼓励，他会记多久？一辈子都忘不了。真正会教学的人，几句鼓励都能利益人一辈子。佛陀要走的时候，对尼提讲，以后你想听我讲课、说法，就去找我。后来尼提也成为佛陀的学生，而且有很高的成就。当然他的成就也来自于对佛陀百分之一百的信任。

当佛陀跟阿难离开的时候，阿难讲，今天佛陀对孩子的教育让他很受益。结果佛陀对阿难讲："你今天的受益，要好好感谢这些孩子。"没有这些孩子，今天就听不到这么好的引导，这么好的表演。所以我们看，佛陀时时都是感激每个因缘，感激每一个人。我们教学者能有这个心境，跟所有的孩子交流，就能把这个感恩的心境给传递出去。《佛典故事》，我每一次看都很感动，因为我们从事教育差佛陀太远了。

我们回到《礼记·学记》，"学者有四失，教者必知之。"教学者面对学习者，要了解他的问题才好去帮助他。就好像大夫治病，了解他的病根在哪，才能对症下药。而且不只当老师的是这样，父母要成就孩子的德行，也要了解他的问题所在。同样的，一个企业的领导者要栽培下属，也要了解下属的问题在哪里。所以"教者必知之"，君、亲、师都应该有这样的观察能力。

有一句话讲，"用人取其长，教人责其短。"教育人，要能了解他的问题所在，用人要知道他的长处。这一句话还包含一个意思，你用他了，也要教他。假如我们对自己的员工，就是用他，不教他，把人当机器，用完就扔了，那不对。真的，在功利主义之下，教育者要冷静，不然真的把人当成产品，把所有的知识全部压进去，"砰"，产品出来了。是不是这个逻辑？不是，教育是长善救失，是启发他的灵性。请问，每一个人灵性的启发，速度一不一样？因缘一不一样？都不一样。可是现在学校里教书，六年级要懂哪些，初中一年级懂哪些，大学……"铿铿，砰"，产品出来了。现在不只老师这样，父母也这样。大家看，孩子从学校出来、从家庭出来，健不健康？快不快乐？要把人当人看，不能把人当东西看。

教孩子首先要包容他。面对他的不足，都是批评，都是嫌弃，教不了他。所以人，尤其一个领导者，能够聚很多的人，跟我们的度量有关系。"必有容，德乃大；必有忍，事乃济。"德行在哪里看出来？度量。在一切人事的境界里面，不断扩宽自己的心量，没有不能包容的人，没有不能接受的事情。有德了才能容众，太苛刻聚不了人。

所以有一句话讲得非常厚道："取人之直，恕其戆；取人之朴，恕其愚；取人之介，恕其隘；取人之敏，恕其疏；取人之辩，恕其肆；取人之信，恕其拘。""取人之直"，这个人很正直，但有时候正直的人比较莽撞。你能看他的好，包容他的不好，那相处起来很愉快。你看不到他的好，净看他的不好，那就没法相处了。而且你愈宽恕，慢慢的，人家觉得愈不好意思，生惭愧心，他就自己去提升。这就是去用德去感。"取人之朴"，一个很朴实的人，很单纯、很淳朴，但他涉世未深，可能见识不广，你要能包容。不要对那个很淳朴、很憨的人说"连这个都不懂"，那他就很难受了。你要了解他的特质，慢慢地栽培他、提升他。"取人之介"，这个人非常地清廉、耿直，但有时候会太犀利、太苛刻，那你要包容他这一点。"取人之敏"，这个人很聪敏，思维很快，但是有时候他就没那么细心，你要包容他这一点。"取人之辩"，这个人把一些事情看得很细腻，分析得很透彻，但是有时候可能会太强势，你要包容他这一点。"取人之信"，这个人很守信用，但有时候守信到不会变通，你也要包容他这一点。我们举一个例子。有一个人叫尾生，很守信，跟一个女子约在桥下见面，结果突然下起大雨来，他抱在那个桥柱上就是不走，最后被淹死了。你看他连死都不怕，就怕失信。他有很好的德行根基，只是还没学会变通。有一句话跟这句话很相应，"不要求全责备"。人不求全责备就度量大，不会刻薄。"他已经不错了，他那些特质很好。"人都知道自己有不足，

代代出圣贤的教育智慧

假如听到领导者都是说"他已经不错了"，慢慢就受鼓舞了。

我们接着看，"人之学也"。一看到这个"学"字，我想到了一句话，"学问之道无他，求其放心而已矣。"所以学习，随时要抓住一个根本，就是心地。所以《养正遗规》的教诲，其实就是成就一个人健康的人格。"闲其放心，养其德性"，这八个字是核心精神。"闲"是会意字，拿着一个木头把门给拴住了，牢不牢固？牢固。"放心"，就是背离本善的心思、行为，不能让它发展，还要长他的德行、善心，"养其德性"。

"或失则多"，他的心有没有偏颇？一个学习者，他很想多学一点，他的什么心产生了？贪心。不要说学生了，我们自己会不会起这个贪心？大家有没有经验，一本经书学了三天五天，又换另外一本，三天五天又换第三本，绕了一圈，好像心里空空的，什么也没学到？今天没碰碰这一本，心不安，明天不念念那一本，睡不着觉。所以我们修学要去贪心，连对学问都不可以贪多。《弟子规》说，"方读此，勿慕彼，此未终，彼勿起。"大家不要小看《弟子规》，很小的一本书，可是做人、求学最关键的心态都点到了。

"或失则寡"。"寡"叫孤陋寡闻。学到这样就好了，有必要再学吗？要学这么多吗？觉得学习没有太大的必要，叫满于现状。这个心态其实就是傲慢。觉得自己不错了，是跟谁比？一个人假如是跟圣贤人比，他绝对不会有这个心态。颜回好学，很有德行，他的目标是向孔老夫子看齐，"仰之弥高，钻之弥坚"，觉得好像赶不上孔老夫子，时时不满足，赶紧下大功夫。《弟子规》告诉我们，"但力行，不学文"，觉得这样就够了，就"任己见，昧理真"。虽然学问要不断地在生活当中落实，但落实的过程当中也要常常接受经教，才能观照言行有没有偏颇。

子路有一次到蒲邑这个地方当官，结果当地发生水灾。水灾之后，要建一些防灾设施，要很多老百姓一起来做工。子路看到他们这样做工，吃得又不好，就拿出自己的俸禄，煮粥供给这些老百姓吃。没多久，孔子派子贡去："你赶紧去蒲邑，把那些煮粥的锅统统给掀翻，让他别煮了。"子贡照做了。子路就很生气："夫子教我要行仁政，我现在就是念念为老百姓着想，他们都饿成这样了，我煮粥给他们吃，有什么不对？"子路就去找孔子："夫子，您时时都是教我们要仁慈，怎么我这么爱护老百姓，您还反对我这么做，还把锅都给推倒了？"诸位学长，当我们在力行学问，结果我们的看法跟师长不一样的时候，下一个念头是什么？假如我们的念头是"我对"，那就麻烦了。

子路对夫子很信任，就去就教。夫子也是"当其可之谓时"："这个地方常有水灾，老百姓缺吃的，你要赶紧请国君开仓放粮，去救济老百姓。结果你没叫国君开仓放粮，反而拿自己的钱出来请老百姓吃，那你是告诉老百姓君王没德，谁有德？我啊。"所以子路只看到了要对老百姓有爱心，没有观照到人情事理，君臣关系。《孔子家语》就提到了这件事，夫子说，你这么做，"是汝明君之无惠，而见己之德美矣。"这就是"或失则寡"，子路就没有孔子考虑得这么周到。

子路师从夫子之前，很粗犷，头上戴着鸡毛，肚子上围着一张野猪皮。孔子说："这位壮士，你最爱好什么呢？"子路一听，说："我喜欢长剑。"他心里想，他要配上一把长剑，那就真是非常威武了。孔子接着说："壮士，我不是这个意思。你有这么好的特质，这么勇猛，假如再经过学习，一定会非常好。"其实夫子要引导他好学。 紧接着夫子就讲到一段话："君无谏臣，则失政；士无教友，则失德……木受绳则直，人受谏则圣……毁仁恶士，且近于刑。""士"是读书人，"士无教友"，没有好的同学互相切磋的话，"则失听"，没有办法听到忠言，可能就误入歧途，或做错事。"君无谏臣"，一个领导者、国君，没有正直的忠臣劝他，"则失政"，"失政"就是心偏颇了，决策错了，国家就有灾祸了。"木受绳则直"，木匠是拿一根线拉直，抹上黑色的墨，一弹，直线就出来了，木头就可以切得很直。"人受谏则圣"，人受谏则能成圣成贤。受谏，最重要的是接受古圣先贤的教诲。

一个人假如毁谤这些仁德之人，然后又厌恶"士"，"士"是当官的人、领导者，就"近于刑"，危险了。为什么危险？第一，面对有德行的人，他还毁谤，还看不顺眼，这叫不重视道德。《孝经》里面有一段话，

"要君者无上，非圣人者无法，非孝者无亲，此大乱之道也。"乱一定是从人心当中乱，人心出现什么状况的时候会大乱？就是心里没有领导、没有国君。一个国家，老百姓都不把国家领导人放在眼里，这叫"要君者无上"。这样的社会，老百姓在团体里工作，也瞧不起领导，也不听领导的话，"无君"。"非圣人者无法"，面对圣贤人的教诲，他都不接受、排斥，叫"无师"。"非孝者无亲"，人都没有孝心了，不把父母放在心里，这种心地已经不是人的状态了，不是人的状态就会做出不是人的行为，大乱就从这里开始了。一个人能尊师、能孝亲、能敬长，德行已经有根基了，但这些都要通过学习。孔子强调了学习的重要，而且要尊敬圣贤，尊敬领导，提的都是重点。

结果，子路听到这里，反应也很快。子路说："南山的竹子，砍下来就可以做弓箭，射出去能把犀牛皮都射穿，哪还要修饰，还要学习？"所以教学的人，还得要上知天文下知地理，不然有时候人家出一招，哇，不知道！大家有没有注意，现在像师长讲课，微观物理学、近代物理学、量子物理学都得研究，不然现在的人这么重视科学，你不讲这些，他还不容易接受。

夫子这些常识非常丰富，就给子路讲，南山竹子做的箭很锋利，假如"括而羽之"，"括"念guā，是指箭尾，你在尾加一些羽毛，"镞而砥砺之"，"镞"是箭头，你把它再磨利一点，可以射得更准，更深。这叫共通语言，子路特别喜欢射箭，夫子这么一讲，"嗯，有道理"，就这样开始跟着孔子，学了一辈子。所以都是从心地上调整错误的心态，学习不能傲慢，不能满足现状。一个人学习，要像肚子饿得不得了想吃饭一样，非常渴望学习。

"或失则易"，"易"，想找快捷的学习方法。我记得有一次到澳洲跟大家交流《弟子规》，有一个妈妈，她的儿子跟我差不多大。她把我叫到没有人的地方，然后跟我讲："你最近比较有机会跟师长在一起，是不是他有教你什么特别的方法，你赶紧跟我讲一下。"学习有没有快捷方式？有！老实就是快捷方式，真诚、恭敬就是快捷方式。而且说实在的，假如觉得师长讲的有快捷方式，这个心态已经不相信老人家了！《论语》就彰显了这一点。孔子对学生讲："二三子，以我为隐乎？吾无行而不与二三子者，是丘也。"你们觉得我还有隐瞒你们什么吗？没有，我全部都告诉你们了。师长所有修学上的智慧，对我们和盘托出，哪有对哪一个人说什么快捷方式？

所以相信圣贤、相信师长容不容易？你看老人家常讲，一个好学生找一个好老师不容易，难；一个好老师找一个好学生更难！难在哪？完全的信任，不容易。有一个老人教了很多弟子，有一个学生特别认真。结果这个老人就叫他帮他洗脚，洗完之后，老人把那盆水倒在他的头上，然后赶他走："不让你听课，你给我出去、给我滚。"他就真的出去了，可是没走，蹲在窗户底下听，不敢让他的师长知道。就这样好多年过去了，师长年纪大了，"好，现在我要传一个学生，你们把窗户底下的那个人叫过来。"那是完全信任。

听每一句入心，就像颜回跟夫子学习一样。讲的时候，一句怀疑、一句反驳的话都没有，夫子就想，他到底有没有听懂？结果看他在生活当中，讲的全部都去做了，"回也不愚"，他一点都不愚昧，老实学习。

好，这一节课先跟大家交流到这里，谢谢大家！

第十三讲

诸位学长，大家好！

学者心态有偏颇的时候，教者一定要很清楚。上节课讲到的"或失则易"，希望快一点，想找快捷方式，这就不老实了。所以《弟子规》说，"宽为限，紧用功，工夫到，滞塞通"，这其实是对治我们不妥当的心态。"易"，把学问看得太容易，这就是"轻略"，所以《弟子规》说"勿轻略"。有时候看得太容易，学也求快，想赶紧看到效果，急于求成，这都不妥当。"易"还有一个意思是见异思迁，本来在研究这一部经典，又听到人家说那一部也挺好，比这个还好，又去研究那一部。这就像挖一口井，挖到一半不挖了，又去挖另外一口井，到最后，挖了一百口井，没有一口井挖到水。所以"有恒为成功之本"，不可见异思迁。

"或失则止"。"止"，是画地自限的意思，觉得我不行，我学不成。就像冉求对孔老夫子讲，我不是不崇敬您的道德学问，"力不足也"，我力量不够。这就是对自己没信心，"或失则止"，自己止步了，不愿意再迈向前了。怎么克服这一个错误的心态？《弟子规》讲，"勿自暴，勿自弃，圣与贤，可驯致"，对治我们怀疑自己、退缩的心态，把它转过来。《弟子规》谈学习的部分，其实点出了我们很多在学习当中容易犯的错误心态。大家去体会这句"或失则多，或失则寡，或失则易，或失则止"，就能很全面地看到学习中错误的心态，进而把它改正。"此四者，心之莫同也"，这四个错误的心态，学习者都不大一样，教学者要清楚。"知其心，然后能救其失也"，明白他的心态有哪些不对的地方，才能把它导正。

说到这里，我们从事教育的，马上要有一个反观：我们的学习心态，自己看清楚没有？我们现在的心态对吗？假如我们看自己都看不清楚，能看得清楚学生吗？所以欲助人者要先自助，自觉才能觉他，自己觉悟了才能觉悟他人。

我们今天学习，会不会"畏难"？会不会把学问看得很容易，学习起来不实在，有点轻浮、应付？我们有没有急于求成？有没有懈怠，不能勇猛精进呢？这都是学习可能出现的状况。有没有萎靡不振，学习愈来愈提不起来？有没有因循？这个心态一出来，学习就上不去了。所以首先要知自己的心，调正自己的心，自己成为一个很好的圣贤的学生。看自己看得清楚，就知道学习过程中会出现的状况，就很容易理解后学者同样也会有这些情况，不会指责，能够感同身受，进而去协助他们。

学问确实都是厚积薄发，不可能求速求快。现在的人，比较普遍地心浮气躁，那都是因为贪、求快造成的。在魏晋南北朝，陶渊明先生学问很好，他有一句话叫"不为五斗米折腰"，大家听过吧？"采菊东篱下，悠然见南山"，这是陶渊明很美的一句诗。他享有盛名，所以他辞官之后回到家乡，很多读书人仰慕他，跑来跟他请教怎么求学问，问他有没有快一点的方法。结果陶渊明笑了："书山有路勤为径，学海无涯苦作舟。"都得下功夫，哪有什么快捷方式？

虽然他这么讲了，那几个远来的读书人好像还是不死心，还是盯着他，希望他讲出个好方法。看他们这么执着，陶渊明先生也恒顺他们，走出自己的房子，到前面的一块田地上，对他们讲："现在是春天，这些麦苗你们刚刚有没有看到它们长高了？"读书人说："没有。"接着又走回家门，家门旁边有一块磨刀的石头，因为已经磨很长时间了，中间已经凹下去了。他就问这几个人："这块磨刀石凹下去，你们看到它在凹下去吗？"没有。接着，陶渊明先生讲了，"勤学如春起之苗"，一个人很勤奋学习，就像春天冒出来的秧苗，"不见其增"，没看它增加，"日有所长"。学问都是这样点滴累积起来的，哪有什么一蹴可就？"辍学如磨刀之石，不见其损，日有所亏"，一个人学习中断、懈怠了。每天在那里磨，其实都一点一点减损了。我们懈怠了，学问都一点一点在退步了，自己有没有警觉到？所以"宽为限，紧用功，工夫到，滞塞通"。

"教也者，长善而救其失者也"，那怎么长孩子的善心，救哪些过失？

老祖宗讲"五常","仁义礼智信"，就是要长这个善；"救失"，不符合这五常，就产生过失了。孩子要长仁慈之心，不能长自私自利的心。有孝、有仁慈，自私就慢慢淡了，就转化了。我们教给孩子功利，自私就增长了，这不符合"仁"的精神。

"义"，道义非欲望，责任非依赖。长他的责任心，而不是依赖，依赖久了就变成理所当然，那就病得更重了。"道义非利欲"，在我们父母那一代，感受得非常深刻。那一代父母一生好像没有说为自己做什么事情的，全部是为父母、为兄弟姐妹、为家庭，无形当中，孩子的人格就是道义，很有责任心。《朱子治家格言》开头就说："黎明即起，洒扫庭除，要内外整洁；既昏便息，关锁门户，必亲自检点。"他对整个家庭都有责任心，从小他的心就能观照家人的需要，"责任非依赖"，什么都给他照顾得好好的就变依赖了。

"礼"，是恭敬，恭敬非傲慢，不要长傲慢。现在要找不傲慢的孩子愈来愈难，同时我们为人父母也要留心，自己有没有傲慢的言语态度出来。我很感激我的父亲，他在银行上班，记忆当中是副经理，最后是经理，但是我父亲从没有在我们面前批评过任何一个同事和下属。我长大以后再回想，很佩服父亲的修养。因为人一骂人，傲慢的气焰就传出去了。而且大家注意一点，学好，学一年都不一定学得稳；学不好，一次就会了，很微妙。像我们男孩念初中、高中，读文言文读几十次都背不下来；人家讲"奸巧语，秽污词"，一次就学会了。所以好的环境很重要，"里仁为美"。

还有一点，要勤俭。一个人不勤奋、不节俭，糟蹋东西，无礼。对人要有礼，对一切物品都要有礼。糟蹋食物，对不起食物，对不起农民；糟蹋衣服，对不起做衣服的人，对不起买衣服给你的父母！糟蹋东西一定糟蹋人，那必然是连在一起的。所以勤俭也是一个人的恭敬。一个人很懒，父母长辈都叫不动，这都是无礼。我们小的时候，父母长辈一叫，赶紧跑，赶紧去服务，做得很高兴。愈勤劳、愈热心的孩子以后就愈有福气。

"智"，智慧是从好学来的，所以要"好学非放逸"。很懒散、得过且过，一天浪费一天，这不行的。智从定来，"定力非纵欲"，面对一些生活中的诱惑，懂得节制，不会变成欲望的奴隶，这才是智慧。我们现在的孩子有没有定力？有没有好学？"信"，"诚信非应付"。对人都是真诚、守信，"非欺骗"。应付久了，就变欺骗了。

这一段是讲教学者应该了解学习者的问题。而且，教学者还要有人格魅力，很有感染力，我们看下一段。

"善歌者使人继其声，善教者使人继其志。" 歌声很优美的人，唱着唱着，人家不由自主、不知不觉就跟着他唱起来了，他有感染力。这也是譬喻。"善教者使人继其志"，一个善于教育的人，会使人听了他的教诲之后，想要继承他的志向。教育者的志向是什么？"为往圣继绝学"。教育者知道，文化一定要承传，文化不承传，社会跟民族有大灾难。

讲到这里，我们就想到沈慕羽老先生，他对马来西亚中华文化的承传，是非常关键的一位智者。我第一次跟老人家见面，他知道我教小学，他说："教书是最没有钱途的事业，但却是很重要的工作。"钱没有，可以再赚；文化断了，后面的人学不到了，可能他的行为就落到跟禽兽差不多了。诸位学长，这句话夸不夸张？我已经讲得很客气了。应该讲，落到比禽兽还不如。现在的动物，谁杀自己的孩子杀得最多？堕胎，每天都在发生。

所以从这些社会现象，再想起沈老这一句话，我们教育者都要有这种认知跟使命。为什么以前有句话叫"安贫乐道"，他心安理得，知道社会教育工作重要，他做得心里非常踏实。我们还没有学习中华文化以前，人生也是浑浑噩噩，后来遇到经典，师长给我们开解儒道释经典的这些微妙的道理，让我们能落实在生活、工作、处世当中，才得很大的利益。

前几天我到香港去，香港有一个论坛，差不多四百个企业家参加。大家想一想，这四百个人背后有多少家庭？有一个企业家姓李，员工三万多人。他是带头的人，他带头学了，可能就改变整个员工的家庭跟命运。所以我们看到这样的盛会，也是很欢喜、很感动。现在这个社会，状况跟以前不大一样，以前是"士农工商"，读书人排第一位，一个大家庭老奶奶拿到好吃的，"拿去给老师吃。"现在谁排第一位？商，企业家变成成功的代表。现在是企业家变得很像教育家，教育者变得很像生意人。大学生，尤其研究生、博士生，叫导师"老板"，颠倒嘛！现在的社会是企业家最受尊重。我到马来西亚这么久，大学都不请我去讲课，结果企业家好多人请，"蔡老师，你赶紧给我们多开一些课。"

我每次到机场就很有感触。机场人很多，步伐都很快，到底大家都赶着去哪里？人生到底会赶出什么结果来？假如从一天笑一百七十次，最后赶成一天笑七次，这个赶有什么意义呀？我们细细研究起来，人们赶着去哪里？去追名逐利。追名逐利到最后，什么带得走？所以人空忙一场。追名逐利，没有不干坏事的，难免都会昧着良心。没有昧着良心，可能也没有尽到孝顺父母、照顾家庭的本分。欲似深渊，没人提醒，就掉下去了。

所以人师难求啊，遇到师长，我觉得是我人生的大福气！我常跟朋友讲，我这一生能学中华文化，能跟师长老人家学习，这一生了无遗憾，用商界的话叫"够本了"，再加一句叫"赚翻了"。人知足，很快乐也很满足。告诉大家，没有师长教诲，我现在还活不活在这个世上都是个大问号。我二十九岁的时候，高速公路开车都开到睡着，很努力、很专注，还是睡着。所以告诉大家，修善积德要快一点，真正你的劫难来了，到时候急着要修修不成。幸好那个时候已经开始学习中华文化了，命运转变了一些，二十九岁那一关过了。所以善教者，能启发人的觉性，改变学生的命运。学生觉得这样的人生有价值，效法师长，"继其志"。

"**其言也**"，"言"就是指教学时的言语，"**约而达**"，讲话很简洁，不啰唆，很容易让人听明白，"达"就是意思通达。师长把九大宗教团结得很和谐，澳洲是多种族、多宗教的地方，就请师长去。昆士兰大学有一个和平学院，全世界已经有八所和平学院了，这些外国的专家就请教师长化解冲突的方法。诸位学长，化解冲突的方法，假如一讲讲二十分钟，几个人听得懂？

面对外国的这些专家，他们对中华文化也不是很了解，师长用比喻："你今天要化解冲突，就跟病人治病一样。"没有人听不懂，谁都有去看病的经验嘛。"你先要把病根找到，病才能治。"都听明白了，简约。"而这个病根在哪呢？在家庭。夫妻冲突了，孩子从小看父母打成这样，冲突成这样，你说他相信谁跟谁能和平？冲突的根源就在这里嘛。"两分钟讲完了，没人听不懂。所以"约而达"，"达"是完全从根本去解决问题。不从根本解决问题，都在枝末打转，自己也不明白，告诉别人，心里还虚呢。所以，跟着师长学习这些教诲，这些最好的开显、道理，这些最好的譬喻，我们要领纳在心。

"微而臧"，"微"就是义理非常微妙，"臧"是解说精善。比方师长讲，为什么这个时代孩子不听话，学生不好教，员工不好管？问题都出在人心上。怎么让人明白人心的偏颇、不足在哪里，讲了又让每一个人马上记住？师长说，要"作之君，作之亲，作之师"。"君"，是以身作则，大公无私；"亲"，像父母一样爱护，不离不弃，不求回报，完全信任孩子，信任下属；"师"，教育他，循循善诱、长善救失。假如当父母的人、当领导的人、当老师的人，都能够做到"君亲师"，一定能把角色扮演好。讲完了，两分钟。

你看这些都是世间人很棘手的问题，几句话，没有人听不懂。这个时代有很多怪现象，在讲台上的人，愈讲人家愈不懂，愈显得他厉害。那是颠倒了，这个时代认知都偏了。还有的老师出题难，难到学生咬牙切齿，他觉得很有本事。这值得深思啊，"万法唯心"，心坏了，什么怪现象都有。现在人整容，女孩还要把脸削平。福相是圆满，你要把它削掉，愈削愈刻薄，那叫刻薄相。所以没有读经典，人没有办法判断是非善恶。

师长接着又说，不只人守住"君亲师"的精神，能把这三个角色做好，任何一个角色只要能掌握这三个精神，统统可以做好。这就是《礼记·学记》讲的，"大道不器"。彻底觉悟的道理，不会局限在一个容器，或者一个角度，或者一个国家，它可以突破时空，都可以用，都可以通，这叫大道。大家想一想，当儿子要不要"君亲师"？要啊，父母不对的地方，你要以身作则，用德行感化父母；"师"，你要善巧方便地劝父母，"怡吾色，柔吾声"，"亲有过，谏使更"，一样啊。工作中也要"君亲师"。做人做事，都当所有同事的榜样，"君"；用兄弟姐妹的心境，爱护所有的同事，"亲"；我懂的经验、智慧，他不懂，我尽心尽力协助他，"师"。

"罕譬而喻，可谓继志矣"，"喻"就是通达。"罕譬"比较具体，人很容易在譬喻当中体会那个精神。我们都说"烦恼贼"，烦恼是贼，偷了我们什么东西？把我们的智慧，我们的清净自在偷走了。贼，就是一个很好的譬喻。既然它是贼，会做贼心虚。贼爬上墙，要进入你家了，你一觉醒过来，桌子一拍，那个贼就怎么样？就掉下去了嘛。所以正念现前，人一觉照，邪念自然污染不上嘛。哪有主人怕贼的道理，是吧？《尚书》告诉我们，"圣狂之分，在乎一念"，让正念提起来，让主人觉醒，不能让贼放肆。这是一个比喻。

还有一个比喻，"猫抓老鼠"。大家想象一下就好，猫盯着，老鼠不敢出来，躲在洞里面。好，我们就要学那只猫盯着老鼠的样子，"烦恼你敢出来，给你好看！"它一出来，一把就把它揪起来，不让它放肆。所以明天开始练猫抓老鼠，时时善观己心，一有邪念起来，马上把它断掉，不让它放肆。

所以教学者能够在教学引导的时候，"约而达，微而藏，罕譬而喻"，这样学习者会很受益，他知道圣贤学问对他人生的启发跟深远的影响，他也会希望自己能够继承老师的志业。这样的志业，现在各行各业都可以。你是当领导的，"作之君"之外，还可以"作之亲，作之师"。所以我们对于这些在自己企业推展伦理道德因果教育的企业家，也非常感佩，他们也是好老师，他们以身教、以言教，还以一个好的企业环境的境教，把员工教好了。很多企业家很用心，把德行不好的员工变得懂事孝顺，他们的父母远在几千里之外，都一定要坐飞机来谢谢领导，"我的孩子三十几年我没教好，这个公司领导把他教好了。"

其实这几段都在讲一个老师应该具备的条件：要能够长善救失，要能了解学生的问题，要有感染力，以德行去感化学生。我们接着看下一段，**"君子知至学之难易，而知其美恶，然后能博喻"**，"君子"，读书人，也指教学者。"至学"也是强调教学者了解整个求学过程中可能会遇到的状况、深浅、次第，他知道要怎么循序渐进。这句话其实点出了一个重点：教学者自己要是一个好学生，他才知道整个学习过程当中会遇到什么情况，要怎么突破。所以有一句格言讲道："预知三岔路，须问过来人。"遇到三岔路了，接下来怎么走？必须问走过的人。老师自己走过来了，自己曾经好学、勇猛精进，曾经对治自己的习气，把经典落实在生活、工作、处事待人接物之中，都有这些经验、体悟了，他才能引导学生。

"而知其美恶"，这其实是呼应前一段的内容。"知其美恶"，就是知道学生的程度高低才能因材施教。了解了求学问的整个过程、方法，又了解学生的素质，就懂得怎么协助他一步一步提升。"然后能博喻"，在协助的过程当中，还要能够广博地去开导、晓谕，让他明了，让他体悟到这些道理。所以，教学者要能设身处地，每一个人的成长背景不同，思维方式不同，必须以他能接受的方式、言语让他明理。所以这个"博"，除了很有学识之外，还要能理解对方的成长经历、心境，甚至于最好能建立共通的语言，这样就更好沟通了。

"能博喻，然后能为师"，能广博譬喻，能给人讲明白，就可以当老师。**"能为师，然后能为长"**，当老师很有爱心，能因材施教，然后他才能够去一个地方当官员、当领导。因为他有爱心，又能够因材施教，他面对人民，懂得怎么教育；他面对自己的下属，知道怎么栽培。

大家想一想，现在当企业家难，还是在学校教书难？我们自己感受感受，身边的亲戚朋友，要把他讲明白，容不容易？不容易啊。大人比小孩还不好教，小孩比较单纯，大人思想复杂多了。所以教大人比教小孩的难度还高，已经结婚的人，自己学了传统文化，另一半没学，那你就是带个弟弟、带个妹妹，是吧？得要长期呵护，好好引导啊。所以当企业家的难度很高。每一个人性格都不一样，脾气也不一样，认知也不同，要慢慢引导大家建立共识。当领导不容易呀！很多人没当过领导，批评得很痛快。当然，人家说得准、说得对还是要听。不过他假如常常批评，到时候你就让他试试看，不然没有经历过，不知道什么滋味，"事非经过不知难"。批评很容易，真正去做，不容易。

"**能为长，然后能为君**"，在一个团体或地方，照顾一方百姓，再提升，才能做一个高官、国君。"**故师也者，所以学为君也**"，老师培养的学问，培养的好的心境，都是在奠基学生以后去当领导者、君王的机会。"**是故择师不可不慎也**"，选择好的老师要非常慎重。这个老师假如家庭很美满，人生阅历很丰富，处事很柔和、圆融，这个学生就很受益了。而且"择师"，很可能是为了一个家族，甚至于为了整个国家的教育，就更要慎重。

"**《记》曰：三王四代唯其师。其此之谓乎！**""三王"是指禹王、汤王和武王这三代开国国君；"四代"是指虞（大舜那个时代）、夏、商、周四代。"唯其师"强调的是，都很重视教育，重视选择老师，来教育老百姓。而且，这些国君本身就是最好的老师。以前叫做圣贤政治，因为这个人太有德行了，为人师表，才把他推出来当国君。舜是平民，为什么他会出来做天子？尧帝把他选出来的。尧帝真是爱老百姓，用心良苦，把女儿嫁给舜，把九个儿子带到他身边当他的朋友。女儿嫁给他，私生活一清二楚，藏都藏不了。所以一个人有没有德行，问另一半就知道了。假如另一半对他都是肃然起敬，那这个人的德行不简单。我遇到这样的人不多，但是有，卢叔叔太太对他佩服。卢叔叔有一段话，男人没有资格要求太太孝顺自己的父母，应该是自己对太太好到太太很自然地生起对自己父母的感恩：就是这样的父母，栽培出这么优秀的男人，让我人生这么幸福，我要报这两个老人的恩。你看那个心境，这样的存心，这样去经营婚姻，哪有说另一半不感动的道理。

所以那个时代，确实人民都羞耻自己没有尧舜的德行。禹王治理天下的时候，老百姓犯错，禹王在那里忏悔："哎呀，尧舜治国的时候，老百姓都以不如尧舜为耻，现在轮到我来治理天下，老百姓都没有这样的心境了，我实在太惭愧了。"所以那个时代的领导者也是所有老百姓心目当中的好老师。

我们接着看下一段。"**凡学之道，严师为难。**"这一段就提到师道尊严的重要了。"严师"，就是指尊重老师，尊重道业，对学问的尊重，这是最难能可贵的。尊重老师，表现在依教奉行，而且一分诚敬得一分利益，十分诚敬得十分利益。"**师严然后道尊**"，人懂得尊敬老师了，老师讲出来的经典道理，自然就很恭敬地去吸收，这就是尊重圣贤的教诲。"**道尊然后民知敬学**"，恭敬地学习，不敢怠惰。

"**是故君之所以不臣于其臣者二**"，所以一个国君，对臣子不以对待臣子之礼的情况有两种。"**当其为尸，则弗臣也**"，祭祀祖先，要去找一个跟祖先长得最像的人，让他坐在那里。他被当祖先膜拜，你还把他当臣子一样使唤，心就没有办法诚了。这是第一种情况，皇帝都不能以臣子之礼对他。第二种情况，"**当其为师，则弗臣也**"，皇帝请来教学的老师，不以臣之礼对他。一般君臣之间，皇帝向南面，臣子向北面。而老师有另外一个称呼，叫"西席"。坐在西面，面东，皇帝坐东边，这不是君臣之礼，是对待尊贵的客人一样的态度。所以这彰显了一个重点，一个国家领导者带动尊师重道，就很可贵了。

现在这个时代，传统文化的教育断了好几代了。这是我们教育者的责任、读书人的责任。人家不懂正常，不能去要求人。你说："都大人了，还不懂尊师重道？"听起来很有道理，人家要继续问："那他小学老师是谁？以前怎么没人教过他？"到最后，我们难辞其咎。《三字经》讲，"教不严，师之惰"。所以，师道尊严要靠老师自己的德行，让人家自自然然感佩，生起尊重。你说老师都拼命去赚钱，开宝马（BMW）、奔驰（BenZ），你说怎么尊重呢？他都不尊重自己的天职了，人家怎么去尊重呢？

"大学之礼"，大学所教导的这些礼仪，"虽诏于天子无北面"，天子公布的这些礼节，老师没有为臣之礼，"所以尊师也"。

我们接着看下一段，强调教学者跟学生之间很好的互动，就是在教学的过程当中，懂得怎么问，怎么答。"善学者"，善于学习的人，"师逸而功倍"，老师很轻松，但是效果却很好，"逸"就是轻松愉快，"倍"就是效果非常好。"又从而庸之"，"庸"，是归功于老师。学生学得很好，老师不怎么费力，而且学生还把功劳都归给老师。"不善学者"，不善于学习的人，"师勤而功半"，老师很努力教，收效减半，"又从而怨之"，还抱怨老师教得不好。

"善问者如攻坚木"，善于发问的人就好像砍柴，年轮比较密的地方比较坚硬，年轮松的地方比较好切进去，他就顺着那个松的地方，然后再使力，顺势把那个难的部分砍断。"先其易者"，先从容易砍的地方砍进去，"后其节目"，再到较硬的部分。"及其久也，相说以解"，这样砍下去，就把它劈开了。善问的人，就顺着道理，顺着纲领、脉络一直这样问下来，老师也顺着答，这样就很好。"不善问者反此"，不善问的人，东问一下，西问一下，然后边问脑子里还想很多东西。老师还没讲到一半，"好，我再问你一个问题。"他自己的脑子也是乱的，所以问起来没有章法。其实有时候问问题，不是想听明白，是想可不可以把对方问倒，"我就不相信你都答得出来"。所以问的心态也要对。

"善待问者如撞钟"，善于回答问题，就像撞钟一样。"叩之以小者则小鸣"，你轻轻撞，回答就轻轻的。"叩之大者则大鸣"，你撞得很大声，它就很响亮。你问个小问题，他不会给你讲两个小时，都是契理契机地回答。"待其从容，然后尽其声"，就好像那个撞钟的人，很从容地撞，钟声余音悠扬，传得很久远。同样，一个老师在回答问题的时候，非常从容、应对自如，都是智慧自然流露出来，给人印象很深，让人马上明白。

夫子在《论语》当中也说，"空空如也"。所以一个好的老师，他平常是清净无为的，不是脑子里一大堆东西在那里转，他很清净，净生智慧，

代代出圣贤的教育智慧

所以他很从容、很定，人家一问，就像撞钟，他就响应。**"不善答问者反此"**，不善于回答问题的，就不能契理契机去答了。**"此皆进学之道也"**，这些都是提升学问的重要途径。学者要学而不厌，教者要教人不倦。

我们看下一段。**"记问之学，不足以为人师"**，"记问之学"，其实就是师长常讲的研究学问，研究儒学、道学、佛学。大家身边有没有一些亲戚是专门研究学问的？大家注意看，研究学问的人，额头有没有发亮？然后每天都笑呵呵的很快乐？这才是"学而时习之，不亦说乎"。2006年我们到英国去参学，去了剑桥大学。到了教室，师长跟他们讲课，然后我们很吃惊，英国人拿着麦克风讲流利的北京话，比我还标准。你说能不佩服吗？下了多少功夫。一了解，他们用《孟子》写论文，用王维写论文，还用《无量寿经》写论文，拿博士学位，厉不厉害？

他们拿到博士学位，师长问他们："汤恩比教授说，解决二十一世纪的社会问题要靠孔孟学说跟大乘佛法，你们听过这句话没有？"每一个人都说有，他们都读过了。接着问："你们觉得这句话讲得对不对？这句话讲了三十多年，怎么这个社会没有改善？汤恩比教授的话有没有讲错啊？"这些硕士生、博士生没有反应，看着师长，也不知道怎么解决。所以假如拿到硕士、博士，还是解决不了问题，那就是"记问之学"了。人师的智慧能改变一个人，一个家，一个国啊！所以历代有学问的人，天子都封他为国师，他堪为一国人民的老师。我们应该是往这个方向去提升才对。师长又讲道："你们都读过《论语》，学而时习之，不亦说乎。你们可以拿到博士学位，不过你们还是生活在烦恼、痛苦当中。"假如不能深刻体会知足常乐，问题还是不能解决。

所以"记问之学"就是把经典教诲当作知识来学。经典的教诲是智慧，不是知识，智慧能解决人生的问题。而智慧从哪里来？从放下习气来的，从学一句做一句来的，从解行相应来的。解行相应，人的境界才能提升。"不力行，但学文，长浮华，成何人"，不能提升还会堕落；"但力行，不学文，任己见，昧理真"。所以解行相应是提升的关键所在。

而且不只自己能解行相应，有真实的学问，**"必也其听语乎"**，学生一提出问题，他就能给出适当的解答，观机的能力很高。**"力不能问"**，学生已经遇到瓶颈了，只是他不知道怎么问，教学者看得出来，**"然后语之"**，观察出他要突破的那个点，然后引导他。看到他最近卡在贪多还是贪快了，赶紧点他一下，或者最近有什么执着点，赶紧告诉他。**"语之而不知"**，已经告诉他了，他还是没搞懂，这个时候不要勉强，不要一直讲下去。有时候硬塞，会把他的悟门给塞住了。**"虽舍之可也"**，暂时先缓一下，再等待时机。

　　好，今天就跟大家先讲到这里。谢谢大家！

第十四讲

诸位学长，大家好！

我们先复习一下前面课程谈到的内容。"学者有四失"，当老师好不好当？用心良苦。然后"心之莫同"，每个人的情况都不大一样，要因材施教。一个方法用在所有人的身上，那行不通，老师得要很用心去体恤每一个学生的差异，然后循循善诱，辅助他。

我们了解人，知人，要建立在自知的基础上。我们连自己都不了解，怎么去了解别人？韩愈先生提到，"师者，所以传道、授业、解惑也。"一个教学者自己还有很多人生的迷惑，怎么去解人家的疑惑呢？所以《学记》后面的部分诠释了一个教学者应有的德行、能力。

我们一开始都在强调"教学为先"，教育重要，强调人不学，不知道，不知义。相同的，老师不学，他也不知道，空有一个老师的名，名不副实。所以教学教学，教学者首先要好学，要是一个好学生才行。"学然后知不足"，把学摆在前面。"教然后知困"。教的过程中有可能发现不足，发现哪些道理其实自己还没贯通，这样就能达到教学相长的效果。

"善教者，使人继其志"。一个尽心尽力的教学者，能产生大的影响力。因为他的学生会觉得，像他这样的人生非常有意义、有价值，他们愿意以这个老师的志向为自己的志向，教学者的德行让人佩服。

这节课我们先来看一篇文章。我们常说古圣先王，他们为王者、为天子，是作君，但同时具备了亲、师的德行、能力。

> 禹出见罪人，下车问而泣之。左右曰："夫罪人不顺道，故使然焉，君王何为痛之至于此也？"禹曰："尧舜之人，皆以尧舜之心为心。今寡人为君也，百姓各自以其心为心，是以痛之也。"《书》曰："百姓有罪，在予一人。"（《说苑》）

"禹出见罪人"，大禹有一天出去看到犯罪的人，"下车问而泣之"，他下车问这个犯人的情况，结果听完他很难过，流下眼泪。这些文章都是呕心沥血写出来的，每一个字都流露出圣贤人的修养跟存心。我们看，大禹看到罪人马上下车，很紧张地去了解状况，就好像那个犯罪的人是他的亲人一样。

"左右曰：夫罪人不顺道，故使然焉"，"夫"，是发语词，这个犯罪的人不遵循做人的道理，才落得这个下场。"君王何为痛之至于此也"，旁边的人看了，不了解他为什么哭。禹王啊，您何必痛苦到这种地步，那是他自己没做好才犯罪的。"禹曰：尧舜之人，皆以尧舜之心为心"，尧舜圣德，百姓都以尧舜为效法的对象，以他们的存心为自己的存心。所以父母教育孩子，孩子效法父母的德行，这就教成功了，"善教者，使人继其志"。"今寡人为君也"，现在轮到我做天子了。尧传给舜，舜传给禹，而且都是禅让，都是观察了很久，知道他确实有德行，可以照顾人民才传给他。禹说，现在我当国君，"百姓各自以其心为心"，百姓顺着自己的私心做事。顺着私心私欲，"欲令智迷"，最后可能就会犯罪了，"是以痛之也"，所以我感觉非常地悲痛。大禹反求诸己，觉得老百姓的修养不好是自己的过失。"书曰"，《尚书》讲，"百姓有罪，在予一人"。他们为天子的心境，是任何一个百姓犯罪了，都是自己一个人的罪过，是自己没有把人民教好。这真的是以父母的心对待人民。

我们从这一段也看到，这些古圣先王，都真正是用德行来教化人民。所以前面也讲到了，"故师也者，所以学为君也"，能当好老师，能体恤每一个学生的差异，之后可以成为一个领导者，再提升德行、能力，最后可以当一国之君。所以"择师不可以不慎"，选择好的老师，要看他是否真的有德，甚至于都可以领导一方，要有这种德行、智慧。以前找私塾老师，都是一个家族的祖父、曾祖父辈，为整个家族的后代去找。找谁？找已经退休的官员，他告老还乡了，他的学识、德行，以及他人生的见识非常广，把这样的长者请来当私塾老师。你找一个老师来，讲的都是理论，不知道怎么去用在处世，用在生活、工作当中，可能就变成读死书了。

紧接着讲到了"严师为难"。尊重老师，才能尊重道业；尊重道业，人才能够学到真实的学问。所以这里把尊师重道摆到一个很重要的位置。而且只有两种人不用守君臣之礼，祭祀的时候，当作亡者给人膜拜的，不能把他当臣子看待；再就是老师，常常给这些贵族甚至天子讲学。所以老师叫"西席"，天子坐在东边，老师坐在西边，表示对师道的尊重。

这个时代，从事教育工作的人，也不能要求别人多尊重我们。很重要的，我们自己要做出来。我们真正尽心尽力、不疲不厌，学生很自然地对我们提起恭敬。不要去要求任何人，从我们自身做好，把师道尊严复兴起来。"人能弘道，非道弘人"，教育者自己的行持要把师道表演出来。以前的人很尊重医生，现在对医生的尊重也没有这么高了，为医者，自己也要把医道做出来。

接着下一段，谈到的是在教学的时候师生的互动。学生发问，老师回答。学生发问，要顺着脉络去问。颜回是个好学生，他有一次问孔子，什么是仁？怎么去落实仁德？孔子说："克己复礼。"一个人要先克制自己的习气，才有可能去爱人。人有贪心的时候，都跟人家计较，怎么爱人？脾气都控制不住，人家看到我们都害怕，怎么爱人？人很傲慢，人家跟我们讲话，问个问题，"哼，连这个都不知道！"以后看到我们都不敢发问了。我们这些习性都不能降伏，就像儒家讲的不能格物，格除这些习性、物欲，那我们的仁爱心就被这些欲望给包住了，仁爱的光芒显露不出来了。

颜回很善于发问，"请问其目"，请问怎么在生活当中具体落实？好学表现在哪？学一句就实实在在落实一句，不是学空的东西，不是记问之学。我们相信，颜回这么一问，孔子一定很高兴。孔子马上回答，从哪里下手呢？"非礼勿视，非礼勿听，非礼勿言，非礼勿动。"

我们看这个"礼"，"礼者，敬而已矣"，就是恭敬。一个人有恭敬的态度，不该看的东西，他不会看。这个礼敬，是礼敬自己也是礼敬他人。

今天看这个东西会污染自己的善心，这就是不恭敬自己、糟蹋自己。所以"非礼勿视"，"非圣书，屏勿视"。假如人家很不舒服，这个时候也不能看。时时能体恤别人，不让人不舒服，不给人难堪。

而事实上，一个人看了不该看的东西之后，整个贪欲都会被调动起来，怎么克己复礼？所以《弟子规》里面这些教诲很重要，"斗闹场，绝勿近"，"非圣书，屏勿视，蔽聪明，坏心志"。一个人看了不好的东西，可能那一天脑子里那些东西都在转。所以学习传统文化首先不要看杀盗淫妄这些东西，不然心都静不下来，恭敬不起来。所以告诉大家，电视尽量不要看太多，因为电视节目一看，习性又被叫醒了。很多人说，那很多事我不知道怎么办？告诉大家，很大的事别人会告诉你。但是你自己去看，尤其上网去看新闻，还没看新闻，旁边那些污染就全部进来。

所以一个人要克己复礼，首先不该看的不要看，不该听的不要听，不该说的不要说。人会讲不当的言语，都是因为心不正了，可能有情绪了，有傲慢了，可能自私了，不能去顾及他人了。"非礼勿动"，邪念也不可以动。听、看、说，身体还没有动，一动手，罪业就重了，可能就伤害到他人了。

我们看颜回很会问，孔子也很会答。"善待问者，如撞钟"。一个人很能回答别人的问题，就好像撞钟一样：你撞大力一点，它就大声回应；你撞小力一点，它就小声回应。"叩之以小者则小鸣，叩之以大者则大鸣。""待其从容，然后尽其声"，回答的时候非常从容。大家有没有被人家问问题问到全身紧张的经历？"这、这，嗯，这……"有没有？那就不从容了。

所以这一句话值得我们去体会，"善待问者"，他就像钟一样。大家看过钟没有？里面是空的。这有含义哦。大家有没有这种经验，明天要去说服一个人，当天晚上还在想，我明天跟他讲什么，一直想一直想，明天我先跟他讲什么话，接着他会怎么回答，我就再怎么跟他讲，铁定说服他。有时候想得太兴奋，两三点都睡不着。结果隔天见面了，跟他讲话，讲第一句话，他回的第二句话不是你想的，然后就不知道怎么讲下去了。请问，假如我们想了很多，要去说服别人，心里有没有放空？没有。

这一段，是圣人的境界，我们用心体会，体会不到不要难过，因为那叫正常。但那是目标，我们要慢慢迈过去。孔子曾经讲，"吾有知乎哉？"很多人会觉得，孔子一定是什么都知道，什么都记得。但是孔子说了，"无知也"。老子又讲，"知者不博，博者不知。"真正开智慧的人，他不是什么都记，记一大堆知识。"博者"不一定有智慧。大家有没有看过拿博士两个、三个的人？可是你看他眉头深锁，还是很多烦恼。他还是没开智慧，只是知识。记了很多，心性之光还没透出来。这样的人，甚至会觉得自己很厉害，"你看，人家不记得，我都记得。"傲慢了，有傲慢就开不了智慧。

所以孔子这些话其实都在提醒我们，不要误会了圣人的境界。这都是心性之学。其实在孔子的心里，他没有觉得自己很厉害，很有智慧，甚至觉得自己也还很差，"无知也"。孔子说："德之不修，学之不讲，闻义不能徙，不善不能改，是吾忧也。"孔子每天下功夫，是把习性给放下，哪有觉得自己很厉害，圣人不是这种心境。放下习气，就是格物；致知，就是把所知障放下。一个人觉得自己很厉害，这个也懂，那个也懂，反而生出傲慢，智慧打不开。

"有鄙夫问于我"，一般百姓问他问题，"空空如也，我叩其两端而竭焉"。孔子讲，平常有人问他问题，他的状态是什么？内心清净，没有装东西，没有在那里想，要拿哪一句话对治他的问题，他是自然而然就起的智慧。所以要学这个"空空如也"。有一个比喻，叫"用心若镜"，大家体会看看。镜子很干净，上面有没有东西？没有。所以任何人站到前面，照得明明白白。我们的心像镜子一样清净，碰到某一件事情，就能把这件事照得清清楚楚、明明白白。假如这面镜子照了这一个人，这个人走了，影像还在上面，下一个人再来照，照不照得好？就照不清楚。这样心就有染着了。大家有没有这种经历，刚刚跟一个人吵过架，心情很不好，"气死我了，敢这么对我讲话。"上班跟同事讨论工作，脑子还在想刚刚那个事情，愈想愈入神，对方一看我们的眼睛，"你还在不在？"

所以你看，心有染着，都有挂碍，怎么会有智慧呢？生烦恼了，不是"空空如也"。所以人的心往往挂碍在哪里？懊恼过去，担忧未来，心不清净了，烦恼就多了，所以怎么让这个心呈现觉照的智慧？"有所恐惧，不得其正"，"有所忧患，不得其正"，担忧未来不都是恐惧、忧患吗？心"有所忿懥，不得其正"，起情绪了，心就不正了。"有所好乐"，贪很多的境界，很多的欲望，就"不得其正"了。所以这个"空空如也"的功夫，还在格除物欲，要把这些习性、欲望放下，心才能空灵，空了才会有智慧。

我们刚刚举到了反面的例子，要去跟一个人谈话，拼命想说服他，想了一大堆，结果应对的时候，对方不按常理出牌，我们讲不下去了。那大家有没有另外的经验，你没有预设任何立场，欢欢喜喜去跟他沟通，也没想要服他什么，结果反而沟通得很好。他问什么，你很自然就可以回答他，大家有没有这个经验？有一句话叫"有心插花花不发，无心插柳柳成荫"，人没有刻意的时候，心特别清净，清净生智慧，应对得很自然，对方也觉得很真诚。你很刻意了，要控制，要说服，适得其反。

所以从这个"空空如也"，我们要了解，通过圣贤的教诲，明白道理之后，把我们这些分别、烦恼、执着放下，这叫真学问，这样才能真正有智慧，这叫实学。孟子讲，"学问之道无他，求其放心而已矣。"其实千经万论，都是让我们把妄心放下，回归到本善真心。真心本来就是清净的，是无为的。

在我们的历史当中，这样"空空如也"的人不少。举一个例子，六祖惠能大师，大家听过他的故事没有？我们可能都听过一句话，叫"本来无一物，何处惹尘埃？""本来无一物"，就是完全恢复到清净。有一个人去跟一个大德请教，这个也是空，那个也是空，就一直讲什么都是空，结果大德拿了一根棍子，往他的头敲下去，"砰！"他说："你怎么打我？""你不是说都空了吗？"所以他那是嘴上空，心上没有空。这个"空"，你也不要执着，你心里执着有个空，那还有个空。"如也"，本来就是这样。每一个人的真心，本来就是可以起智慧的。《心经》里面说，"以无所得故"，就是把所有的分别、执着、妄想统统放下了，就入那个境界了。

为什么很有学问的人反而是"空空如也"，如撞钟？学的东西，他用心领受了，他就不执着，不是硬记一大堆东西，不是记问之学。而且孔子面对大家的问题，"叩其两端"，针对事物的是非、利弊，让对方能完全明白，这样有什么好处，有什么坏处，都分析清楚了，对方自然知道应该怎么去做。"竭"，就是尽心竭力。夫子确实都是不疲不厌地帮助别人，纵使是一般的百姓问他问题，他也会非常慎重，用心地回答。对方能吸收多少，有没有照他的话去做，夫子也不挂碍，一切随缘。有的老师很烦恼，"我都跟他讲多少次了，都不听我的话，气死我了！"假如是这样，当老师会得高血压。我还听说，现在忧郁症的高危人群，好像小学老师不少。那就是看不开，没放下。师长领进门，修行靠个人，强求不得，他的人生他是主角，不是你。

大家有没有经验，你今天载一个亲戚，你在那里开车，他在那里踩刹车，踩得很起劲，他比你还紧张。有时候我们开车开到他受不了，"哎呀，你不会开，让我来，我来开！"很多当父母的都这个样子。孩子在那里摸索人生，看不下去了，"你下来，我来！"他的人生我们能帮他走吗？所以父母、老师只能尽心尽力帮助孩子，不能跳上他的人生舞台当主角。这个时候不能急，不然到最后，揠苗助长。他还没到那个悟性，你硬要给他塞，到最后他就吞不下去了，看到你就想跑，觉得你很啰唆，很烦。

我们再来看一篇文章，《揠苗助长》。这就是嫌学生长得不够快，帮他拉一拉。

　　宋人有闵其苗之不长而揠之者。芒芒然归，谓其人曰："今日病矣，予助苗长矣。"其子趋而往视之，苗则槁矣。天下之不助苗长者

寡矣。以为无益而舍之者，不耘苗者也；助之长者，揠苗者也，非徒无益，而又害之。（《孟子·公孙丑》）

"宋国人有闵其苗之不长而揠之者"，"闵"，通"悯"。这个宋国人看着这些秧苗好可怜，长这么慢，为了帮助它们，把每一棵秧苗都拉一拉，把它拉长。"芒芒然归"，因为他每一棵都拉，拉得全身酸痛，很疲劳地回家了。"谓其人曰"，跟他家里人说，"今日病矣"，今天实在是累了，"予助苗长矣"，我帮助这些苗统统长大了。"其子趋而往视之"，"趋"就是赶快前往，看一看苗怎样了。"苗则槁矣"，"槁"，都死了。

"天下之不助苗长者寡矣"。这是提醒我们，为人父母、为人老师、为人领导的，不去拉那个苗的很少。我们就要反省，孩子有没有被拉变形了？大家注意去看，现在的孩子，几个很快乐、心里没事、笑容灿烂、天真无邪的，有没有？当然可能他染上很多欲望了。但有一种情况是跟父母的沟通不良，父母对他要求很多，他很痛苦。要求多到孩子呼吸困难，这就是"揠苗助长"。

父母假如有要求的时候，欲就上来。要求你给我考高分，你一定要怎么样，这都是欲求。欲求一起来，欲令智迷，只盯着他要达到的，感受不到孩子内心的状况。这样，父母子女之间的沟通就愈来愈差了。所以"冰冻三尺，非一日之寒"，很多人说我的孩子怎么不听我的话？不是昨天听，今天不听，不是这个逻辑。是渐渐的，不能彼此理解了，距离就愈拉愈长。所以今天把成绩逼上去了，结果父母跟子女之间没法沟通了，这又有什么意义？

自小至今，我都觉得我的父母非常理解我，所以我没有"少年维特的烦恼"，而且我还觉得我是最幸福的人。我考得不好，我爸很理解我，"加油，你以后会愈来愈好。"但是父母确实是把好的读书习惯做给我们看，以身作则。你夸他，没有榜样给他，这样也不行。所以我跟父母的沟通没有出现任何状况，我心里有事不跟我妈讲会睡不着觉。哪怕在学校被老师处罚，做错事，我一定要跟我妈招供。甚至于一般人觉得不好的，比方说念初中的时候，都说去打台球不好——其实打台球没有什么不好，是那个地方去的人比较复杂。我那个时候就想去打，还给我妈讲，我妈说，"好，你去。"我不会偷偷去做一些我妈不允许的事情，我们之间，从以前到现在都是光明磊落。妈妈让我去，代表她信任我，我不会去交狐群狗党。后来知道那地方人很复杂，慢慢我不去了。

"天下之不助苗长者寡矣"，大家都太急于看到结果，欲速不达，弄巧成拙。应该顺着每一个生命，让他很好地去成长。有一个家庭，五个孩子，五个都是博士，大家就觉得父母很会教孩子。其实这几个孩子的个性一不一样？你遇过几个兄弟姐妹个性都一样的吗？连双胞胎都不一样，是不是？那怎么会几个不同个性的人统统像机器"喀嚓"出来的都一样？所以应该是让不同个性的孩子都发挥他的特质，然后都很快乐，都实现他人生的价值，这才是会教嘛！

我们家三个孩子，统统做了公务员。我二姐读了师范学院，出来教初中。结果教了几年，她跟我爸说："爸，我还想再读书。"因为我姐姐读的是公费，得赔钱，四年要赔不少钱。但我爸爸马上说："好，你愿意再读，继续读。"我爸爸觉得孩子既然想继续深造，二话不说，就赔了。也没有想，你这个铁饭碗，等出去回来了没工作怎么办？没有，我爸爸没有去烦恼这些事情。所以我姐姐就把老师的工作给辞了，读了数学心理博士回来了。现在回到她的母校去教书了。说实在的，人生明白了，就不会太忧虑，患得患失，该是你的福报，迟早都会来，别担心。

后来我大姐也当了公务员，在台北市政府工作，结婚后，她的志向是当一个好妈妈，怀孕后就把工作辞了，我父母也尊重她，现在是全职太太。接下来换我了。我当小学老师当了几年，感觉教育很需要伦理道德因果这些圣贤教诲。"爸，我自己基础不好，得再去深造，去学习。"好，辞了。我爸眉头都没有皱一下。所以我们今天能够有这样的发展，没有这样的父母，不可能。父母假如有控制，"你就得这样给我做。"那我没办法了，可能就做了跟自己性向相违背的事情。比如我爸说，"你不能辞职，辞职我跟你断绝父子关系。"那我当然不敢辞了。可是从此以后会不会快乐？不会。我们家，每一个孩子对生命很好的领悟，父母都支持。

姐姐要当个好妈妈，好不好？请问大家，好妈妈跟公务员的收入哪一个重要？人生随时要称一称轻重缓急。最起码孩子流鼻涕，流一流，两三天就好了，不用去看医生。为什么？从小是母亲带的，哺乳的，体质就比一般的孩子好。光是这个医药费就不知道省了多少。现在人看起来很会算，其实不会算。为什么？他都只看哪里？眼前。他看不到孩子一生身心的健康，看不到孩子的学习能力是要陪伴形成的，不是你拿钱让他去补习班就能形成的。当身体不好了，当人格、德行不好了，再多的钱都弥补不了。所以什么是智慧？能分辨人生的轻重缓急，本末先后。什么是人的根本，什么事先做、什么事后做，都很清楚了，这是有智慧。现在的人分辨不出来，每天忙着不怎么要紧的事情，时间都这样耗掉了，等真出状况了，就不好解决了。

"以为无益而舍之者"，一般的农民有过与不及这两种情况。一种，觉得什么都不用帮，做什么都没什么作用，不管了，让它自生自灭。"舍之"，就是任由它去吧。有人是这么管孩子的，什么都不管，让他活泼一点，自由一点，不约束他。这就好像种田，都不管它，让它自己长，结果杂草长一大堆。你没有去陪伴他，怎么知道他什么时候染上了错误的思想观念呢？怎么帮他除草呢？怎么帮他长善救失呢？**不耘苗者也**，"耘"就是拔除杂草，苗的养分才不会都给吸走了。

所以真正用心陪伴孩子的父母、老师，会有什么功力呢？因为用心就有很多的潜力。孩子昨天做了不该做的事，妈妈一看他的脸色、眼神就知道，赶紧用几句话把他套出来。"慎于始"，他可能昨天第一次说谎，这时候赶紧诱导他慢慢把真相讲出来，导正他，就好了。很多妈妈说，我的孩子怎么这么会撒谎？其实都是忽略了孩子，等习性已经根深蒂固了才知道要去帮忙，效果就不好了。

另外一种是管太多的。**"助之长者，揠苗者也"**，硬把它拉长。**"非徒无益"**，不只没有帮助，**"而又害之"**，还害了他。我读小学的时候，我母亲也在我的学校教书。大家想一想，假如你是小学老师，你儿子在你学校读书，你会希望他成绩怎么样？我成绩不怎么样，都差不多十几二十几名，可是我妈从来没有用成绩压过我。所以父母不在乎面子，我们也不好面子。告诉大家，好面子的人生，轻不轻松？没有轻松的时候。儿子要给我长面子，另一半要给我长面子，要多少面子？一大堆面子。面子是"我"的面子，痛苦是从"我"来的。

假如能体恤，就会明白每个孩子的根性不一样，基础不一样。我二姐的文章都是给全校做样本的，我的文章都是让老师丢在地上的，差这么远！我爸爸妈妈假如用姐姐的标准来衡量我，我铁定压扁了，是不是？不去这样比较，还是信任孩子，"你一定可以。"我爸最常讲的，"加油！""要自爱！"在这样的爱护、信任之下，潜力慢慢就会发挥了。大家要知道，每一个人潜能发挥的时间不大一样，有些人早，有些人晚。所以有一句成语叫"大器晚成"，闽南话叫"大只鸡慢啼"。为什么大的鸡叫得比较慢？因为它体积大，吸一口气的时间比较久。所以我成绩一直不是很理想，但是父母跟我遇到的几位老师对我都很信任，最后在他们的鼓励之下，慢慢地也有所成长。

我们回到《礼记·学记》。"记问之学，不足以为人师"。"记问之学"，就是能背，能记很多的东西。"不足以为人师，"他记了那么多东西，但不是真实的智慧，不见得懂得怎么过有意义的人生、幸福自在的人生。韩愈先生讲，"师者，所以传道、授业、解惑"，这才是人师。

我们这一篇文章可以结合《师说》、《大学》来体会。《大学》是成就"大人"的学问，"大人"就是指君子，指有道德的人。《大学》里面，没有说记问之学即是大人，《大学》告诉我们，"古之欲明明德于天下者"，一个人有要利益国家、利益世界的宏大志愿，这很好，但是学问得从哪里下手？得从根本，修身才能齐家，格物才能致知，烦恼轻了智慧才能长。

现在一般的学校，注重的是知识技能的积累。充其量，我们懂得去运用这些知识跟技能，但不见得我们能把这些做人的道理贯通，把人生经营得有价值。我感觉，我们在求学的过程当中不快乐。一直硬记那么多东西，会很烦躁，又不得不读。烦到最后会想怎么样？吃东西，或者去发泄一下，是不是？所以现在所谓的游乐园很多。以前都没有游乐园，都是游山玩水，跟大自然融成一片。现在没办法，人不会跟大自然融成一体了，但是又很闷，发泄不了，怎么办？去游乐园，就坐那个从高空掉下来的，然后上面的人就"啊……"现在人的快乐就是这样，那叫苦中作乐，叫刺激。乐多久？一下子就没了。跟打麻药一样，麻药退了苦就来了。

我曾经带学生去过游乐园。我本来想引导他们去接触大自然，讲了半天，"好，诸位同学，你们要去哪？"要讲民主。"游乐园。"我就没办法了，陪这些小朋友一起去。我就在旁边一直观察，这些东西真的能让人快乐吗？最后我自己就去试试看。我坐的是那个圆轮，四个人坐在上面，绑得紧紧的，然后那个轮子就开始转，"咚、咚、咚"。我坐完从上面下来，东西南北都搞不清楚，头晕到想吐。我实在很不能理解，这样叫快乐？

我们这一生有没有把苦闷解决？有没有真正体会到为善最乐、助人为乐？"学而时习之，不亦说乎？""仰不愧于天，俯不怍于人"？问心无愧？有没有体会到有父母可以奉养，有兄弟可以相互扶持人生？这是人生的真乐。人生的真相，我们都很明白了，这样我们才能把人引到幸福的人生当中来。所以《大学》告诉我们，怎么齐家治国平天下？都要回到"格物"，回到"修身为本"，本立而道生，这才是智慧。

"必也其听语乎"，"必"就是为人师表要具备的，"听"，听学生发问。听完以后，道理马上告诉他，叫"语之"。这又回到刚刚讲的，听了以后马上能回答，差不多是孔子所讲的"空空如也"。还没达到那个境况，人家问我们问题，"你让我想一想，明天再说。"那是我们还没达到智慧起用的境况。为什么智慧没起用？烦恼太多。还是要回到务本。烦恼轻，智慧长。

我们刚刚讲到六祖惠能大师，他连字都不认识。这就提醒那些记很多经典的人不要傲慢了。六祖惠能大师开悟是因为什么？他悟到了《金刚经》里面讲的，"应无所住，而生其心。""无住"就是把妄想、分别、执着放下，真心就起用了，无量的智慧。有一个人受持《大涅槃经》，那部经典很大。他请教六祖，六祖大师说："你念给我听。"念几段，"好，我知道这一部经说什么了。"马上讲给他听。另外一个人问《法华经》，才念了一小段，"你不要再念了，我知道了。"就讲给他听。结果讲没多久，那个人也开悟了。所以人开悟的人了真好，都能给人讲明白。其实每一个人都做得到，只要肯放下妄想、分别、执着。大德有这个能力，就因为心里是清净的。"净极光通达"，清净到了极点，智慧就开了，"光"是表智慧。

学生问，马上就能答，而且还答得很契合这个学生的程度。所以我们讲学回答问题，要契理又契机，不能讲太高了，他听不懂。一个老师为什么能讲得契机？除了有智慧以外，他还能设身处地为对方着想。我们假如现在还没有办法完全理解对方，有一个方法，回答他的问题要看他的眼睛，一看就知道。但是现在的人有时候为了表达他的恭敬，听不懂也装懂。这个时候，你要看他的表情，脸部放松了，眼睛透出光芒，就说明听得懂。所以师生也要时时很自然地互动。

接着，"力不能问"。他确实有困惑，或者遇到一些情境了，他卡在某个观念，很想搞清楚，但还没有办法很具体地问出来，"然后语之"，主动告诉他，他听明白了，疑惑就解除了。我们可以举《论语》里面的一段话。

　　子曰："由也，女闻六言六蔽矣乎？"对曰："未也。""居，吾语女。好仁不好学，其蔽也愚；好知不好学，其蔽也荡；好信不好学，其蔽也贼；好直不好学，其蔽也绞；好勇不好学，其蔽也乱；好刚不好学，其蔽也狂。"（《论语·阳货》）

"子曰：由也，女闻六言六蔽矣乎？" 子路，你听过六言六蔽的道理吗？夫子应该是观察到子路的疑惑，甚至是子路的执着点，这个时候主动解开他的这个问题。"对曰：未也"。子路回答说没有。"居！吾语女。"来，你先坐，我跟你讲。当老师主动的时候，往往都是学生问不出来，但是老师知道，讲了他能听懂，就主动去做。《孝经》也是孔子主动跟曾子讲的，曾子的基础够了，他很孝顺，就把《孝经》传给曾子。

"好仁不好学"，仁是好的，但是没有继续好好学习，"其蔽也愚"，好的特质没有经过后天的圣贤指导，会出现状况。"好知不好学"，这个人很聪明，但是没有圣贤指导，"其蔽也荡"。现在很多人狂慧，看起来很聪明，可是很狂妄，那就是没有依经典去学习。"好信不好学，其蔽也贼；好直不好学，其蔽也绞。"子路的性格比较直率，可能夫子这一段话，有一些就是要提醒他。你很正直，没有好好学习"怡吾色，柔吾声"，你跟人讲话就非常冲。"好勇不好学，其蔽也乱"，子路很勇猛，假如对君臣这些道理没有搞清楚，可能会做出违背纲常的事情，就变乱了。古代有"刺客列传"，当刺客的人都是很勇猛的，可是道理没搞清楚，正义正义，"义"要跟"正"在一起才行，否则他可能就做出一些错误的事情。"好刚不好学，其蔽也狂"，他很刚强，没有好好学习，表现出来可能就偏到狂那一面去了。

这是我们讲到的"力不能问"，他已经到了讲了就能突破瓶颈的时候，就主动跟他讲。"语之而不知"，给他讲完以后，他还是没搞清楚。"虽舍之可也"，他还没到那个悟性，暂时不要强求，再观察一阵子，慢慢的，他的积累够了，再跟他讲。

往往我们的父母、老师、教育者缺乏耐性，"我今天一定要给他讲明白！"这个时候控制欲就太强。时机不成熟，硬要做，可能就适得其反。世间的事情，求个水到渠成，不要操之过急，欲速不达。就像大自然告诉我们的，这棵果树你要等到它果实熟了，把它摘下来，就很好吃。假如还没成熟，硬把它摘下来，吃起来怎么样？很酸，很难吃。

"力不能问，然后语之"，之前跟大家讲到，师长到英国剑桥大学去发表演讲。师长问那里的学生，"汤恩比教授说，解决二十一世纪的社会问题要靠孔孟学说跟大乘佛法，这个话对不对？"这也是主动发问，然后让这些学子去思考。等他们思考了，又告诉他们应该怎么下手。师长讲，"孔孟学说，落实在孝敬忠恕，落实在《弟子规》。"怎么去契入孔孟学说？"孝敬忠恕"，就很具体。"大乘佛法，基础是《十善业道经》"，然后用几个字点出来，"真诚慈悲"。我们听师长讲这些，都觉得他用心良苦，都是设身处地，知道怎么样才能让现在的人听得懂，让大家知道怎么去效法，怎么去下手落实。听明白了，赶紧去落实，就对了。

这一节课先跟大家讲到这里，谢谢大家。

第十五讲

诸位学长，大家好！

上节课讲到老师回答学生的问题，确实是要有智慧，看事情要洞彻，要很深入，才能引导学生看到一些真相。还讲到"记问之学，不足以为人师"。真实的学问，看事情都是入木三分。子路问孔子怎么治理一个国家，"治本在得人"，国家最重要的是有栋梁之材，所以孔子回答，"在于尊贤而贱不肖"，一个领导者要能尊重贤德，起用贤能之人。"贱不肖"就是能够远离不肖之人，不去用这些奸邪之人。《出师表》里面有一句很重要的话："亲贤臣，远小人，此先汉之所以兴隆也；亲小人，远贤臣，此后汉之所以倾颓也。"西汉兴盛跟东汉末年衰败的一个关键，是有没有"亲贤臣，远小人"。"亲小人，远贤臣"，这个国家就亡了。

子路马上提出来了，范、中行氏，这个国家的领导者很尊贤而贱不肖，国家为什么会灭亡？所以这些学生，在学问上都很用心，不然问不出这个问题来。他常常把他所遇到的事情用这些道理去印证，这就叫解行相应。大家有没有遇过，你给学生讲一个道理，然后他马上举一个反面的给你？你假如没把这个事情看透，可能就不知道怎么回答了。接着孔子讲，"范、中行氏尊贤而不能用也"，他是做表面功夫。他虽然尊贤，但不去用他，那不是真正尊重、佩服这些贤德之人，他是什么？他是好这个尊贤的名。孔子在卫国的时候，卫灵公也是好这个尊贤的名，并没有好好听孔子的话。一起出去，太太跟他坐在车上，让孔子坐后面的车，这哪有尊贤？这叫什么？好色胜过尊贤。这个德行就不可能成就了。难怪孔子感叹，"吾未见好德如好色者也。"

一般人没有远大的志向跟坚定的决心，往往被习性所牵，好女色。"食色，性也。"人很难伏住色欲跟食欲，所以儒家强调节欲。欲望要懂得节制，不然对身心一定有损害。以前的人懂，现在的人把好色当作享福。

以前的女子都知道色要节制，所以对先生都懂得要助他的德，善巧地不让先生纵欲。现在的人没这个概念，反而觉得那是人的追求，认知扭曲得很厉害。现在最好的夫妻是心灵共同成长，这就是难得的因缘，所谓"领妻成道，助夫成德"。

"贱不肖而不能去也"，表面上排斥这些不肖之人，可是没有把他们赶走，偶尔可能还去找他们玩乐。所以"贤者知其不己用而怨之"，贤德之人来到他们的国家，希望能够实行仁政，但是接触久了知道，有名无实，都是做样子的，所以就会觉得这个国君是伪君子，"怨之"。"不肖者知其贱己"，这些德行不好的人知道这个国君不尊重，也不会重用他们，"而仇之"，不肖的人看到自己不能被重用，亲近了有权之人，会借机造反。

大家有没有听过"齐桓公榻前问相"的故事？齐桓公快死了，躺在病床上，问管仲，谁可以做宰相？齐桓公提出了三个人，易牙、竖刁、开方，问他们三个人能不能做宰相。易牙是个厨师，他问齐桓公，你有没有吃过婴儿的肉，齐桓公说没有。易牙的孩子生出来，他就把孩子煮给齐桓公吃了。齐桓公说，这样的人可不可以做宰相？诸位学长，可不可以？齐桓公还是没搞明白，被表象骗了。管仲跟他讲，他连自己的孩子都不爱，他会爱你？违背伦常，"不爱其亲而爱他人者，谓之悖德"。接着齐桓公又说，竖刁为了进宫中陪伴我，自残变成太监，他对我可忠心了吧？管仲又说，一个人最疼惜的是他的身体，他能舍掉身体，一定有更大的目的，所以这也不正常。再来，开方。齐桓公说他是一个国家的王子，他来陪伴我，父母死了，他都不回去奔丧，这个人够忠心了吧？管仲说，他连父母都不爱，怎么会爱你？他是小国的王子，齐国是万乘之国，他的目标是大国的王位。

这些故事，我们要从中学到判断的能力。女孩子找对象，可不可以从这个故事得到启发？可以，要先看看他孝不孝顺父母。他每天陪你玩乐到三更半夜，你说他真爱我，糊涂啊！"身体发肤，受之父母，不敢毁伤，孝之始也。"易牙杀子奉君，孩子可以不要了，为的是什么？权利。大家想一想，现在的人有没有为了争名夺利，多赚点钱，连下一代都放弃了，有没有？欲望打开了，人性都受到很大的扭曲。竖刁，当然现在没有人去做太监了。可是为了名利，身体都搞坏了，让父母担心得不得了，"哎呀，几点了，都还没回来。"这都是在伤害身体，让父母家人担惊受怕。开方不理父母，就为了追名逐利，这样的情况在现在社会就更多了。很多地区，老人都没人管，过着非常困苦的生活，而孩子在大都市，房子好几间。

但是齐桓公为什么判断不出来？这是一个重点。《大学》讲，心"有所好乐，不得其正"，心不正，判断不清楚。为什么？他很喜欢吃嘛，他很喜欢玩嘛，他很喜欢人家讲好听的，"哎，我的心中只有国君你。"他喜欢听这个，所以欲令智迷。管仲一死，受不了了，想吃，想玩，又把这三个人找来了。三个人把权、作乱，齐桓公死了六十七天，尸体腐烂，尸虫流出宫外才被发现。

所以一个国家，一个领导者，用人是重点。用的是栋梁之材，国家可以发展得很好；用错了人，国家要败就很快。所以，孔子分析了，"贤者怨之，不肖者仇之"，贤者对他不满，不肖者也要找机会先下手为强。"怨仇并前，中行氏虽欲无亡，得乎"，他想不灭亡也不可能。

好，我们接着看《礼记·学记》。"**良冶之子，必学为裘**"，"良"是技术很高，"冶"是冶铸金属做成器皿。良好的冶金匠，孩子要学习技术，他怎么教？这一段其实也是讲，一个教学者如何来教导学生，扎好他的基础。扎基础很重要。房子要能够长久，看它根基扎不扎得牢，地基打不打得稳。树要长成参天大树，要看树根稳不稳固。所以打基础是很关键的。

良好的冶金匠先让他的孩子学习补兽皮衣，那个皮衣都很大。为什么补兽皮衣呢？因为在补兽皮衣的时候，第一个，他要熟悉火性，他必须用火来烤。而冶金要用高温的火，技术要非常纯熟，他得要有一些基础才能做这么难的事情。让一个孩子一开始就学这么危险、难度高的技术，不容易，所以先学补兽皮衣，先熟悉火性，这样他这个能力可以用于以后的冶金。而且，兽皮衣要补好，得慢慢地一片一片补，要很细致。而冶金也要有这样的能力，才能把器具做好。

"良弓之子，必学为箕"，很好的做弓箭的工匠，他的孩子要学习他的能力，首先学做簸箕。簸箕是用竹片做的，比较软，弓箭是用木头，那个难度就高多了。所以先让他学做簸箕，对力的感觉就愈来愈敏感。有了这个基本能力，再学更高难度的做弓箭。

"始驾马者反之"，一匹马第一次驾车，让它跟在马车后面走，整个速度就慢慢熟悉了。"车在马前"，它先熟悉这些老马是怎么拉车的，慢慢地熟悉了，再去拉车，就不会那么困难。这都是让能力循序地培养起来，不可以揠苗助长。"不陵节而施之谓孙"，"孙"就是循序渐进，把他的能力培养起来。

"君子察于此三者，可以有志于学矣。"其实有志于修身、追求智慧的人很多，但是在求学的过程当中，真正能提升的人不多。很认真学，也学了不少年，感觉烦恼没减少，欢喜没增加，学不上去。不只是求智慧有这个情况，所有技艺，学书法、学古琴，这些可以陶冶性情的，都会感觉好像有一个瓶颈上不去了，都可能是因为根基没有稳，自己没有认识到这一点，硬要往上。这就好像根基不牢，树拼命要长，可能风一吹，连根都会拔起来。

师长讲到儒家的四书五经、十三经是枝叶花果，《弟子规》是根本。道家的道藏是枝叶花果，《太上感应篇》是根本。佛门的三藏十二部，这些大经大论是枝叶花果，《十善业道经》是根本。但是我们冷静看看，几个人老老实实地在根本上用功夫？我们都知道，花瓶里的花好看，能看多久？有时候我们就为了那几天好看，打肿脸充胖子。但是终究没有根，它没有办法不断生长。所以修行不要装好看，修行一定要打破自欺。自己的根基牢不牢，老老实实面对，老老实实去下功夫。大家看建房子挖地基挖很久，等地基打稳了，房子建得就快了。所以不能求快，得求稳，得把基础打好。

很多学艺术的人，他表演了，人家给他掌声了，他很高兴，可是没办法突破。这个时候我们要建议他还要再回到基础继续下功夫。像唱歌的，还要回去"啊——"你说他会听吗？真的，人只要觉得自己已经不错了，他就不肯再屈下来。能屈才能再突破，再伸。所以真正点出我们的根基哪里有问题，那是真的爱护我们，不只给我们讲好听的话。所以荀子讲，"非我而当者，吾师也；是我而当者，吾友也；谄媚我者，吾贼也"。"非"就是指出我们的不足、习性，指得非常准确，"当"就是适当、准确，这是我的好老师；"是我而当者"，"是"就是肯定，肯定、鼓励我很恰当，这是我的同参道友；我没有那么好却讲得很好，净讲好听的，给我灌迷汤，"吾贼也"，就贼害我了，让我认不清自己，认不清就没办法改正、进步，还觉得自己挺不错的。"闻过怒，闻誉乐，损友来，益友却"，"谄媚我者，吾贼也"。"闻誉恐，闻过欣，直谅士，渐相亲"，"非我而当者，吾师也"。

而这个扎根，不是说我们读经读了几遍，听经听了多少小时，就是根扎好了。读经、听经是手段，不是目标，是通过这个手段扎好德行的根基。怎么看根基牢了？能把习气去掉，把贪嗔痴慢疑这些习气去除，这是真扎了根。

去除习气有一个过程，这个过程有一个很关键的学习状态——解行相应。理解的道理在哪里行？在生活、工作、处事待人接物当中去落实，并能对照之间的差距，把它改过来。在跟家人、朋友相处的时候，发现自己有哪些习气，然后勇敢地对治它，根才扎得下去。而且对自己的习气要赶尽杀绝，不可以手软，对别人则要厚道三分。所以在处众当中发觉自己的问题，所有的人都是老师，这种学习心态才扎得了根。"见人善，即思齐；见人恶，即内省。"

所以这里提到，君子能够洞察到这三者，教育孩子循序渐进，扎好他的根基，自身就可以好好学习，进而辅助学生，也能学得好。立定志向，自己能学好，也能教好。有一句俗话叫"强将手下无弱兵"，还有一句话叫"狮带群羊羊亦狮，羊带群狮狮亦羊"。一只狮子带着群羊，训练它们，羊也变狮；羊带着群狮，羊训练群狮，狮也变成羊。所以从这里看，领导者假如是非常有格局的，都是一心为社会的，我们的子弟跟着这样的领导者，他的格局、见识就不一样。假如这个领导人是小鼻子小眼睛、守财奴，我们的子弟跟着这样的领导人，可能一些不好的习气就学到了。

现在学习传统文化，大家有机会接触到一些认同传统文化的企业家，以后孩子有缘分可以到这些企业去工作，这也是造一个好的缘，是吧？因缘都是自己的心感召来的，我们一心为文化而付出，就会认识很多有同样使命的人。到时候这些企业家看你的孩子都在学习传统文化，他主动来跟你要人，那你就做得更成功了。现在让孩子从小就开始扎德行的根基，以后他的德行风范，一定跟他同龄的有非常大的不同。真正有见识的领导者一看就知道了，你的孩子就有无穷的机会去发挥了。

"古之学者"，古时候的学者，"比物丑类"，会比较事物的异同，然后借由这个比较，触类旁通。"丑"也是比较的意思。"鼓无当于五声，五声弗得不和。"鼓不属于五声，五声是宫、商、角、徵、羽，就是do、re、mi、sol、la这五音。可是五音没有鼓的配合，感觉就好像还缺点什么。有了鼓的配合，更能彰显整个音乐的和谐。

"水无当于五色，五色弗得不章。"水不属于五色，五色是青、黄、赤、黑、白。水不属于这五种颜色，可是在画画的时候，没有水的调和，画出来不鲜明，颜色没有那么好看。"章"是鲜明。所以国画都要配着水来画。

"学无当于五官，五官弗得不治。"学习不属于五官，五官是指司徒、司马、司空、司士、司寇五个很重要的官员。司徒是管礼部的，司马是管兵部的，司空是管工程的，司士是管监察的，司寇是管司法的。学习不属于五官，但是假如没有通过学习，这些官员的德行也出不来。

"师无当于五服，五服弗得不亲。"老师这个身份不属于五服。五服，斩衰、齐衰、大功、小功、缌麻，按亲疏关系来分。父母是斩衰，三年；齐衰，一般为一年；大功九个月；小功七个月；缌麻是五个月。老师虽然不属于五服，但是假如没有得到老师的教导，人不懂得这些伦常之理，就不亲了。我们去留心，现在缺乏伦理道德的教育，很多兄弟不亲，甚至像仇人。父母病重了也不闻不问，这都是缺乏教育才会产生这些情况。

老师实质上是属于斩衰，古代父母去世，服丧三年，老师是心丧三年。夫子去世的时候，他的弟子在他的墓旁守丧三年。子贡因为夫子去世的时候不在，在外地做事赶不回来，他非常遗憾，所以回来以后，守了六年。子贡赶回来奔丧，他手上的那一枝树枝就插在地上，他很伤心，一直流眼泪，结果后来树枝就长成了一棵树。大家去孔庙的时候，会看到那棵树。所以这一段也是彰显老师教育我们懂得伦常道德的重要性，懂得做人的道理，才不会发生五服、伦常都不亲的现象。

"**君子曰：大德不官，大道不器，大信不约，大时不齐。**"君子说道，一个人有很高尚的德行，能做很多事。一个人德行很好，他谦退，尽忠，很有悟性，所以要学什么都很快，学得都很好，很多潜力慢慢都能发挥出来。他慢慢地触类旁通，能力不局限在某一个职位上，甚至于不给他职位，他一样可以对整个社会产生很大的影响力。孔子就是很好的榜样。孔子被称为"素王"，他没有官职，而且，司马迁先生作《史记》，把孔子列在世家。世家是指诸侯、国君，这其实就是对夫子德行、影响的肯定。这种影响不只限于当时的人，还有世世代代，一直到现在。

有一首诗说道："百年奇特几张纸，千古英雄一窖尘；唯有炳然周孔教，至今仁义洽生民。"几千年的历史长河，发生了一些当时觉得惊天动地的事情。有一些战争，死伤几十万人，这些奇特的事情，几行、几页纸就记完了。所谓的千古英雄，驰骋沙场、位极一时的，都化成黄土了。几百个君王，那个时候整个天下他是最大的，但是，请问大家知道几个皇帝？现在统统埋到黄土里去了。甚至于人有权力之后，可能会放纵、造孽，"弄权一时，凄凉万古"。有权力而没有智慧、德行，造的都是万劫不复的罪业。

"千古英雄一窖尘"，你看那个时候楚汉相争，项羽厉不厉害？百胜将军，驰骋沙场，但他没有福报，打赢这么多场，最后一场输了。刘邦，常常打败仗，结果最后一场赢了。人家有福报，他当皇帝。项羽怎么样？在垓下自杀。他自杀的时候，还怪老天爷。《史记》里面记下了这句话，司马迁不是普通人，点出来的都是重点。项羽自杀以前说："天亡我，非战之罪也。"是老天爷要灭我，不是我不会打仗。有没有道理？他造了这么多的孽，最后还说不是我的错，我很会打仗，是老天爷不配合我，要亡我。

我们看《德育故事》，了解到项羽太傲慢了，而且残忍。仁慈的人才能得天下，他烧了很多东西，杀了很多的人。他脾气太大了，忠臣也杀。刘邦一个臣子为了救刘邦，穿着刘邦的衣服，把楚军的注意都引过去了，然后刘邦才逃走了。这样不怕死的忠臣，项羽抓到了，把他活活烧死了。假如项羽那时候说，这样的忠臣太不得了了，奉为上宾，可能楚汉的历史都要改写。所以，项羽每一个行为都是失人心！所以再大的武功，再大的福报，统统被他给折完了。所以司马迁厉害，孔子不是诸侯，把他列在世家里面，素王，给后世做表率，点出来真正有影响的是孔子，他比任何一个诸侯影响力都大；项羽没当天子，但是把项羽列在本纪，给后人觉悟，这个人绝对有福报跟能力做天子，他为什么没做得成？

"大德不官"，一个人真有德行，不管他的因缘如何，都能够利益社会，不是说执着在一定有一个官职。他的能力，能做很多事情。我们看孔子，他管过牛羊，管过大夫家里的物品，管过司法，又当过县长，做什么都做得非常好。所以做任何事情，德才兼备才做得好，德一定在才的前面。

现在很多领导者用人，经常碰到这种情况，"这个人是挺老实的，但能力比较差；这个人能力很好，很有才华，用了马上我的工作比较顺畅，可是他心里想什么，不知道。"诸位学长，要用谁？《才德论》里面讲，"才胜德，谓之小人；德胜才，谓之君子。"大家注意去看，世界很多大公司，都是被一些知名大学毕业的高才生搞倒的。为什么？这些人太聪明，太有才华，领导人一看，爱才，就用了。用了之后，都不知道他背后搞什么，最后公司倒了。所以要用稳当的人，虽然傻一点，早晚会开窍。为什么？

因为他有德的基础，值得用心去培养。人生不要常做没把握的事情，做没把握的事，提心吊胆，睡不好觉，肝脏受损。

所以"大德不官"也提醒我们，有志于学，要以德为本，学问要以德行为本。一个人有学问，辩才无碍，口若悬河，没有德，他会过河拆桥！我们看民国初年那些享有盛名的人，统统是从小读古书的，所以他的文章才能写得这么好，他的学识才能受肯定。可是这一些人却要毁掉文言文，你说他有没有学问？所以有才华、有学问、有学历而没有德行，他可能是一个败家子，可能是一个民族的祸害。

接着，"大道不器"。大的道理，不会局限在某一个地方。我们看，孝悌忠信礼义廉耻，这都是放诸四海皆准的道理。人要通达大道，他是一经通，一切经通，所以"大道不器"也是强调学问要能触类旁通，举一反三，活学活用。一个人有道德又有学问，又能触类旁通，能培养出这样的学生，这个老师就功德无量了。大家想一想，能培养出一个范仲淹，这个老师功德大不大？范仲淹可以影响、教化一方，可以改变整个国家社会的风气。

"大信不约"。一个真正诚信的人，不一定需要契约。说实在的，当拿出契约的时候，也就代表人不诚信了。当《儿童保护法》出来的时候，代表什么？不是好事，乱打孩子的人太多了才会出这种法律。乱打孩子是发泄情绪，那不行。可是往往法律出来的时候，只能顾及一面，可能对另外一面会造成很大的流弊。

防微杜渐很重要。今天小朋友很聪明，知道《儿童保护法》，他可以跟他爸说："你敢碰我，我告你！"请问大家，假如成这样了，父母能教孩子吗？在台湾，不能打学生，碰一下好像都要几十万。你说这样的规定好不好？其实到那个地步了，都不用讨论好不好了，讨论不清楚。已经偏离伦常的轨道太远了，才用法律解决问题。

我们有一次到乡下去，见到一位长者，他家里有很多古书，线装书，都是很难看到的宝典，我们翻得很欢喜。"老人家，能不能借我们回去看一下？"老人很高兴，为什么？遇到知己，以前没有碰到过看到线装书这么高兴的。"好，借给你们看，不过要小心，这是我的传家之宝，你们不能给弄丢了。"我们怕他担心，"不然这样好了，我们写一个借条。"写个借条，我们想这样是安他的心。刚说完，老人家眼睛瞪得很大，"你刚刚说什么？你说的是人话吗？"

大家看，这个"信"字是会意字，一个人讲话叫信；一个人话讲了不守信，他讲的不叫人话，他已经没有做人的基础。孔子对这个信，讲到很多重点。"自古皆有死，民无信不立"，人没有信用了，没有办法在人群中立足，没人相信你。现在问题大了，给小朋友做心理测验，结果小朋友反映出来最严重的一个问题是，爸爸妈妈讲话不守信用。一个孩子从小就觉得父母不能信任，你说他这一辈子能信任谁？他还会相信人跟人能诚信吗？我们为人长辈，忽略了很多生活的细节，其实每一个细节都是德行的表现。

"曾子杀猪"这个故事大家听过没有？他的太太对孩子随便说了一句，"你别吵了，回来给你杀猪吃。"结果太太买了菜回来，看曾子在那里准备杀猪了。"哎，我跟孩子开玩笑的，哄哄他的，你还当真的？"曾子讲，怎么可以欺骗孩子？父母都不演出诚信来，孩子怎么学？

诚信甚至是连话都没讲出来，可是内心一定坚守。有一个男士跟一个女子谈朋友，结果这个女子发生意外，瘫痪了。那时他们都二十出头而已，还没有谈婚论嫁。这个女子瘫痪以后，他就一直照顾她。夏天，那个女子躺着很痛苦，需要冰块降温。冰块都上百公斤，他骑脚踏车，一个小时载回来。冬天很冷，零下，他骑脚踏车载回煤炭取暖。就这样载了多久？三十多年。他二十几岁的时候，父母催他结婚，他没有结婚。最后谁下令叫他结婚？那个女子。结了婚之后，那个太太很不简单，陪着他照顾那个女子，这是助夫成德啊！丈夫这种信义的美德，她欣赏，不嫉妒。太太说："他能对这个女子这么好，对我也不会差。"这叫判断力。后来，连他们的女儿都当了这个女子的义女，认她做干妈。两代人守信义，真不简单，"大信不约"。

什么是读书人？胸怀天下安危叫读书人，不愧对读圣贤书。我们读"四书"，读《大学》，"古之欲明明德于天下者……"我们老祖宗不讲国，讲什么？天下，胸怀很大。提醒我们，"覆巢之下无完卵"，天下出问题了，我们还能好吗？所以胸襟气度都很大，以天下兴亡为己任，大信。这个信是对天下、对人民的一种承诺、一种使命。"不知命，无以为君子"，以前的人对家族多有道义，尽心尽力帮助整个家族。一个人的俸禄，几百口人在用。范仲淹、晏子，这些圣贤都做到了。有没有契约？没有。完全是这种诚信、道义。成就德行，诚信很重要。诚信、尽忠、守信的人，一定尽心尽力完成他的承诺，"大信不约"。这个人有使命感，有责任感，慈悲为本。

再来，"大时不齐"。他有这个使命，要去利益大众，他可以效法天地、天时。"不齐"就是天地滋养万物，会依万物的不同需要，春生夏长，秋收冬藏。这个"用"在教育里面，就是因材施教。老子讲，"天之道，利而不害；圣人之道，为而不争。"大自然平等利益万物。圣人有这个使命感，为天下兴亡努力，但是绝不争任何名利。洞察这个时代的需要，洞察每一个人的差异去协助，这叫方便为门，观机，"大时不齐"。

"**察于此四者，可以有志于学矣。**"能洞察这四点，有助于自己的学习，还有教学。可见学习跟教学的重点，要以道德为基础，然后再增长学问。成就孩子的志向，要让他能体恤他人的差异，体恤因缘的不同，善巧方便地去利益大众。所以学的人是这样，教出来的人才都是这样，那对家族、对社会的利益就很大了。

"**三王之祭川也，皆先河而后海。**"夏商周这些先王，他们祭祀河川，都是先祭祀河，最后再祭祀海。为什么？"**或源也，或委也**"，因为河是海的源，因为河水汇集才成为大海。一个学生有成就了，前提是他的老师培养他。有状元学生，不一定有状元老师，但是没有这个老师用心去教，就不会有青出于蓝胜于蓝。"或委也"，是指河川汇集之后，水流聚集之处，其实就是指大海。海是水的归宿。从这一段叙述就可以感觉得到，我们的先人特别重视根本。"**此之谓务本**"。"君子务本，本立而道生。""慎终追远，民德归厚矣。"其实世间我们所接触的一切人事物，都一定有其根本。我们祭祀祖宗，因为祖宗是我们的源头，是我们的根。"务本"，我们最后用作这一篇文章的总结。什么是学习的本？什么是成为一个人师的本？大家回顾一下整篇文章，从学习的角度看，什么是本？还有，师者应该具备哪一些德行、能力？我们从事教育都要找到这些根本。

整篇文章提到立志，学习者要立志，教学者一定要先立学生的志。有志了，学习的方向、目标才清楚、正确。再来，学习一定要恭敬，"敬孙务时敏，厥修乃来"。一个学习者，一分诚敬得一分利益，十分诚敬得十分利益。"博习亲师"，亲师就是恭敬。"敬业要群"，尊重学业。后面还用天子呼应，"师严而后道尊"，皇帝都尊师。这个敬就是学习的重点。

一个好的老师要有智慧去启发学生的悟性。再来，他也要很懂得譬喻，善喻。了解求学的人现在的程度，你不用譬喻，他很难去感受，这都是慈悲的存心，自然而然方便为门。慈悲跟方便，不是两件事，有真慈悲心的人，一定会揣摩，会用最适当的方法去教育这些学子。包括这篇文章里面强调的，老师的身教很重要。"善教者，使人继其志"，善教最重要的是德行、身教。一个老师也要正确认知，教育是世间最重要的事情。"建国君民，教学为先"，他有这个认知，有这个使命，有这个信心，才能去做好他的教育工作。

其实每一段，都能从中看到"务本"。"教也者，长善而救其失者也"，抓到教育的本。"良冶之子，必学为裘"，这是提醒我们，教育一定要扎根，这是本。每一段，怎么诠释这个本，我们从这个角度看，教学者应该有哪些能力、根本，就能更深地去体会整篇文章。

好，我们第一部分讲的是《承传千年不衰的家道》，第二部分讲的是代代出圣贤的教育智慧，就跟大家讲到这里，我们下面接着讲悌的部分。谢谢大家！

图书在版编目（CIP）数据

代代出圣贤的教育智慧 / 蔡礼旭著.

—北京：世界知识出版社，2013.10（2020.9 重印）

ISBN 978-7-5012-4505-5

Ⅰ.①代… Ⅱ.①蔡… Ⅲ.①师德—中国—古代 Ⅳ.①G451.6

中国版本图书馆CIP数据核字（2013）第151239号

代代出圣贤的教育智慧

Daidai Chu Shengxian de Jiaoyu Zhihui

作　　者	蔡礼旭	绘　图	停　云
策　　划	世知东方	责任编辑	薛　乾
特邀编辑	杨　娟	责任出版	刘　喆
装帧设计	周周设计局	内文制作	宁春江

出版发行　世界知识出版社

地　　址　北京市东城区干面胡同51号（100010）

网　　址　www.ao1934.org　www.ishizhi.cn

联系电话　010-58408356 58408358

经　　销　新华书店

印　　刷　天津兴湘印务有限公司

开本印张　710×1000 毫米　1/16　14印张

字　　数　168千字

版次印次　2013年10月第一版　2020年9月第八次印刷

标准书号　ISBN 978-7-5012-4505-5

定　　价　25.00 元

（凡印刷、装订错误可随时向出版社调换。联系电话：010-58408356）